Fischer / LOURDES

P. Dr. Pius Fischer OSB

LOURDES

DAS BUCH FÜR PILGER

STEYLER VERLAG · NETTETAL 2

Imprimi potest
Fest der Unbefleckten Empfängnis Mariens
8. 12. 1975, Ettal, Abt Dr. Edelbert Hörhammer OSB

Gesamtherstellung: Druckerei Steyl b.v., 1984
3. Auflage 1984
16. bis 20. Tausend
ISBN 3-87787-154-2

VORWORT

Das Heiligtum von Lourdes ist ein Gnadengeschenk an die Welt für die Frommen wie für die Unfrommen. Irgendwie zieht es seit über 100 Jahren alle in seinen Bann. Dem religiösen Menschen ist das Erscheinen der „schönen Dame" in Massabielle eine tröstliche Bestätigung der allmächtigen und sorgenden Vorsehung Gottes, dem materialistisch Gesinnten wird dieser Einbruch des Übernatürlichen in das moderne Gesellschaftsleben zur heilsamen Beunruhigung und zwingt ihn zur Stellungnahme.

Auf uns Deutsche hat Lourdes von jeher seine Anziehungskraft ausgeübt. Der erste Lourdespilger unserer Heimat dürfte wohl der Musiker und jüdische Konvertit P. Hermann Cohen gewesen sein, der am Allerheiligenfest 1868 an der Gnadenstätte von einem schweren Augenleiden plötzlich geheilt wurde. Im Jahre 1875, vier Jahre vor dem Hinscheiden der Seherin Bernadette Soubirous, machte sich die erste deutsche Wallfahrt zu dem damals schon weltbekannten Pyrenäenstädtchen auf den Weg.

Seit der Erscheinung der Unbefleckten Jungfrau in Lourdes standen sich die beiden Völker in drei blutigen Kriegen gegenüber, statt der Lourdes-Botschaft von Sühne und Umkehr Gehör zu schenken.

Aber gerade die jüngste Katastrophe hat in der Menschheit eine tiefe Sehnsucht nach Verständigung und echte Bereitschaft zum Frieden geweckt. In Lourdes, am Gnadenort der allerseligsten Jungfrau und Königin des Friedens, schöpfen wir aus jenen reinen Quellen, aus denen allen Völkern Freiheit, Ruhe und Wohlfahrt zufließen.

Den deutschen Landsleuten und Lourdespilgern sei dieses Büchlein gewidmet. Möge es ihnen als Einführung, Führer und geistliche Hilfe dienen.

Ettal, 25. März 1982 *P. Pius Fischer OSB*
Mariä Verkündigung

Wissenswertes zur Reise

Man stelle sich rechtzeitig auf die Fahrt ein. Der geistigen Vorbereitung dient das Studium der zu wählenden Route, der Gegenden, die man durchfährt, der Städte, die man streift oder besichtigen will, eine gewisse Kenntnis des französischen Volkscharakters, der Geschichte und der großen Männer des Landes. Jede gute Buchhandlung kann hierin beraten.

Für Interessenten sei auf die sehr verbilligte Ausgabe von Franz Werfels „Das Lied von Bernadette" hingewiesen.

Neben der geistigen und seelischen Vorbereitung denke man auch an praktische Erwägungen wie Inhalt der Brieftasche, Reisegepäck, Merkbuch für Notizen, passende Kleidung, Sprachführer. Devisen sind bei jeder Bank zu haben, meist auch bei der Reiseleitung nach der Ankunft in Lourdes. Gültigen Paß oder Kennkarte nicht vergessen! Zur Zeit der Saison (Mai bis September) wird es ratsam sein, sich durch ein Reise- oder Wallfahrtsbüro Zimmer reservieren zu lassen. Was das Gepäck betrifft, wäre zu raten: je weniger, desto besser. Empfindliche Reisende mögen sich mit herzstärkenden und schmerzstillenden Mitteln versehen. Längere Fahrten führen erfahrungsgemäß zu Blutstauungen in Armen und Beinen. Frauen und Mädchen wollen bei der Auswahl ihrer Kleidung Rücksicht auf die Heiligkeit des Ortes in Lourdes nehmen. Schleier, Kopftuch oder Hut sind für den heiligen Bezirk vorgeschrieben. Geistliche nehmen Humerale und Kelchtüchlein mit.

Frankreich: 551600 qkm, ca. 50 Millionen Einwohner.
Geographisch: Sechseck mit 3 Landseiten (Westalpen gegen Italien und Schweiz, Pyrenäen gegen Spanien, offen gegen Deutschland und Belgien) und 3 Seeseiten (Atlantischer Ozean, Mittelmeer und Ärmelkanal).

Fruchtbarer Verwitterungsboden bedeckt mehr als die Hälfte Frankreichs und bildet die Grundlage seines landwirtschaftlichen Wohlstandes. Hauptflüsse: Seine mit den Nebenflüssen Yonne, Marne und Oise mündet in den Ärmelkanal; Loire, Garonne und Adour in den Atlantischen Ozean; Rhône mit Saône in das Mittelmeer. Hauptgebirge: Alpen (SO), Pyrenäen (S), Vogesen (NO), Jura (O), Zentralplateau. Höchste Erhebungen: im Französischen Jura „Crête de la Neige" (1723), in den Alpen „Mont Blanc" (4810), in den Pyrenäen „Maladetta" (3404).

Haupterzeugnisse: Weizen, Hafer, Mais, Zucker, Obst, Wein, Gemüse, Butter, Käse, Eisenerze, Kohle, Kali, Textil- und Metallwaren, Maschinen, Chemikalien, Modeerzeugnisse und Parfüm; Fischerei (Sardinen, Makrelen, Thunfische, Austern).

Geschichtlich: Südlicher Teil seit 121 v. Chr. römische Provinz; Julius Cäsar eroberte das Zentrum und den Norden (58–51 v. Chr.); unter Chlodwig und Merowingern ein Königreich (481); als Fränkisches Kaiserreich umschloß es auch deutsche Gebiete, die durch den Vertrag von Verdun (843) wieder wegfielen. In der mittelalterlichen Feudalzeit teilte sich das Land bei schwacher

Zentralregierung in verschiedene Domänen, wie Normandie, Burgund, Aquitanien, Flandern u. a. Einfluß auf andere Länder durch Reformbewegung der Kluniazenser, Gottesfrieden, Kreuzzugbewegung und Ausbildung der ritterlichen Kultur. Die seit 1066 bis 1399 an England verlorenen Gebiete wurden im Hundertjährigen Krieg zurückerobert (1337–1453). Im Dreißigjährigen Krieg gingen Flandern und Savoien verloren (1648). Der zentralisierte Einheitsstaat, der sich im 17. Jahrhundert unter den

Staatsmännern und Kardinälen Richelieu (1585-1642) und Mazarin (1602-1661) sowie Ludwig XIV. (1638-1715) zur stärksten Macht Europas entwickelte, wurde in der Revolution 1789 schwer erschüttert. Erste Republik 1792-1799; Erstes Kaiserreich unter Napoleon 1804-1815; die Monarchie der Bourbonen wurde in der Revolution von 1848 gestürzt; Zweite Republik 1848-1852; Zweites Kaiserreich 1852-1870 unter Napoleon III.; als Folge der Niederlage im Deutsch-Französischen Krieg die Dritte Republik (1870). Der nördliche Teil des Landes im Ersten Weltkrieg stark verwüstet; im Zweiten Weltkrieg durch die Alliierten völlig befreit von den deutschen Besatzungstruppen, September 1944; seither wieder Republik mit Zweikammersystem.

Starke antikirchliche Strömungen (seit der Jahrhundertwende) wurden durch die beiden letzten Kriege abgeschwächt. Der Großteil des Volkes katholisch, allerdings vielfach nur dem Namen nach.

Frankreich schenkte der Kirche zu allen Zeiten große Heilige, Prediger und Gelehrte. Der Klerus ringt mit modernsten Seelsorgsmethoden um die Heimholung abseitsstehender Katholiken. Die heutigen Franzosen haben noch einen guten Schuß Temperament ihrer gallischen Vorfahren. Man rühmt ihnen leichte Erregbarkeit, lebhaftes Empfinden und beweglichen Geist nach.

Klimatisch: Die von atlantischen Winden herbeigeführten Niederschläge verteilen sich gleichmäßig über das Jahr. Die Durchschnittstemperatur liegt um 11 Grad. Sie kann im westlichen Pyrenäengebiet bis über 42 Grad im Sommer steigen, in den Vogesen unter 30 Grad im Winter sinken. Doch macht sich der mildernde und ausgleichende Einfluß des Meeres geltend, so daß zu sommerlicher Zeit das Klima kaum merklich von einer Gegend zur anderen wechselt. Die Durchschnittswärme liegt in Lourdes in den Sommermonaten bei 20 Grad.

Durch die umliegenden Berge ist es gegen die heftigen Westwinde geschützt.

Küche und Speisen: Die Teilnehmer an Reisegesellschaften und Wallfahrten werden im allgemeinen gemeinschaftlich verpflegt. Dennoch mag ein Wort zur französischen Küche angebracht sein.

Der Franzose ist nach dem Chinesen der beste Gemüse- und Krautgärtner der Welt. Viele Kriege und Teuerungen haben ihn gelehrt, die verschiedensten Salate und wohlschmeckendsten Gemüse für Suppe und Fleischtopf zu verwenden. Das war nicht immer so. Die alten Gallier hielten sich an gesalzenes oder ungesalzenes Fleisch und Kräuterbier mit wenig Brot. Durch den Einfluß der Römer kamen Fisch- und Grillgerichte, Weichkäse und mannigfache Kuchenarten auf den Tisch. Erst die Renaissance brachte die heute noch in Frankreich bekannten kulinarischen Verfeinerungen: Truthähne, Pfauen, Schnecken, Froschschenkel, Artischocken und Bohnen, alle Arten von Wildbret und als Getränke die verschiedenen Weine. Am bekanntesten sind die Sorten des Elsaß, der Champagne, Burgunds, der Gegend um Bordeaux, der Touraine und des Rhônetales. Dazu kommen noch der Branntwein von Cognac, der weitbekannte Liqueur der Chartreuse und der aromatische Bénédictine. Das Weißbrot ist unentbehrlich. Beliebt sind die Kartoffeln und zum Nachtisch der Käse. Schweine- und Rindfleisch, Geflügel und Kaninchen werden gerne, aber mäßig genossen. Auffallend ist der geringe Konsum an Fischen, dafür um so mehr Eierspeisen, für deren Zubereitung es an die dreihunderterlei Arten gibt. Getränke genießt der Franzose in diskretem Maße, wie er es auch liebt, mit Verstand und Hingabe zu essen.

ALLGEMEINES ÜBER LOURDES

Die Lage von Lourdes

Lourdes (sprich: Lurd), der Schauplatz welterregender Begebnisse, liegt im Arrondissement Argelès, des französischen Départements Hautes-Pyrénées im Südwesten des Landes, am Gave de Pau, hart am Fuße des schroffen Hochgebirges der Pyrenäen, 410 m über dem Meere. Auf den Moränen eines Riesengletschers, der sich von den Pyrenäen ins Tal gegen Nordwesten erstreckt, erhebt sich steil und trutzig eine Burg. Zu ihren Füßen kauert die Altstadt, während die neuen Bezirke an den Abhängen der Berge und an der Einmündung zu den Tälern von Argelès, Luz, Cauterets und der Bigorre sich ausbreiten.

Das heutige Lourdes mit seinen vier Pfarrkirchen (Herz Jesu, hl. Bernadette, hl. Joh. der Täufer, hl. Josef) hat an die 20000 Pfarrangehörige, 30% praktizierende Erwachsene, ungefähr 200 Todesfälle im Jahr, 120 Hochzeits-Paare, ungefähr 300 Taufen. Das sind mehr als 4000 Grund- und Oberschüler, etwa zur Hälfte verteilt auf öffentliche und katholische Schulen, 3000 ältere Menschen, Hunderte von Kranken, die zu besuchen sind ... eine klassische Pfarrei. Lourdes, das bedeutet rund 1600 Industrielle, Hotelbesitzer, Kaufleute, Verantwortliche und ihre Familien.

Lourdes hat über 400 Hotels mit 16 000 Zimmern, die dritte Hotelstadt Frankreichs. Die Statistik der Stadt Lourdes gibt für 1970 nicht weniger als 3 013 627 Wallfahrer und Touristen an. Aus einem Lourdes-Flugblatt: *Pilger, Touristen*, Sie sind glücklich, in Lourdes zu sein. Wir sind glücklich, Ihrer Pilger- oder Ferienfreude zu dienen. Die hier durch Bernadette erhaltene Botschaft läßt uns und Sie nicht gleichgültig. Gewiß, wir leben von der Arbeit, die Sie uns verschaffen. Doch unser Ziel ist nicht, auf Ihre Kosten zu spekulieren. Wir sind nicht „die Kaufleute des Tempels".

Die Herkunft des Namens „Lourdes"

Das Wort wird auf zwei Quellen zurückgeführt: auf eine mehr legendäre und auf eine geschichtliche. Eine alteingewurzelte *Legende* erzählt, daß die äthiopische Königin *Tarbis* ein Auge auf Moses, den Dichter, Gesetzgeber und Befreier der Juden, geworfen hatte. Da aber Moses keinen Sinn für die Heiratsgedanken der schönen Königin zeigte, sei sie, um ihren Kummer zu verschmerzen, in Begleitung ihrer Schwester *Lapurda* und ihres ganzen Gefolges nach Westen gereist. In dem heute Südfrankreich genannten Teil Europas hätte sie Tarbes gegründet, während ihre Schwester den Grundstein zu einer Stadt ihres Namens gelegt habe, aus dem „Lourdes" entstanden sei.

Die *geschichtliche* Erklärung unseres Ortsnamens hat eine größere Wahrscheinlichkeit für sich. Aufgefundene alte Münzen, Medaillen, Baureste, Skulpturen, Grabdenkmäler und Lokalbenennungen lassen es als gesichert erscheinen, daß die Römer jene altertümliche Burg – heute noch ein Wahrzeichen der Stadt – vor ungefähr 2000 Jahren angelegt haben.

Es ist sehr wohl möglich, daß der von Cäsar in seinen Kommentaren erwähnte Stamm der Sotiaten hier an diesem Ort den Legionären des Triumvir Cassus (53

v. Chr. ermordet) heldenmütigen Widerstand leistete. Im 5. Jahrhundert nach Christus schlugen sich auf diesem Gelände die Vandalen, die Alanen und die Westgoten auf ihrem Wege nach Spanien. Als Karl Martell die von Süden kommenden Araber (Mauren) im Jahre 732 bei Poitiers besiegt hatte, krallten sich die zurückflutenden Horden in der Burg von Lourdes fest.

778 versuchte Karl der Große, sie zu vertreiben, um sich den Weg zu seinem spanischen Feldzug frei zu machen. Der Sarazenenhäuptling *Mirat* leistete heldenhaften Widerstand. Karl wollte die Burg aushungern. Da versuchten die Belagerten ihn mit einer Kriegslist zu täuschen. Als ein Raubvogel, der im Gave einen großen Fisch geschnappt hatte, diesen beim Flug über die Feste fallen ließ, schickte ihn Mirat als Zeichen seiner guten Verproviantierung in das Lager Karls. Heute noch zeigt das Wappen der Stadt einen Adler, der einen Fisch im Schnabel hält. Doch der im Lager Karls des Großen weilende Bischof von Le Puy durchschaute den Gegner. Als ein Abgesandter trat er vor Mirat und sagte: „Da du die Waffen nicht strecken willst vor dem großen Kaiser, dem erlauchtesten unter den Menschen, so ergib dich wenigstens der edelsten unter allen Frauen, der  Gottesmutter von Le Puy. Ich bin ihr Diener, – werde du ihr Rittersmann!"

Diese Worte taten ihre Wirkung. Der rauhe Krieger ließ sich taufen, wurde zum Ritter geschlagen, erhielt den christlichen Namen Lorus und sein Schloß, die Bastille der Pyrenäen, die Bezeichnung „Lordum". Daraus hat sich Lourdes entwickelt.

Lourdes zur Zeit der Erscheinungen

Die Geschichte der Stadt in den kommenden Jahrhunderten war wechselvoll, aber nicht ungewöhnlich; doch vom Jahre 1858 verdient ihr Name mit goldenen Lettern gemalt zu werden. Um diese Zeit bot Lourdes mit seinen 3300 Einwohnern etwa folgendes Bild:

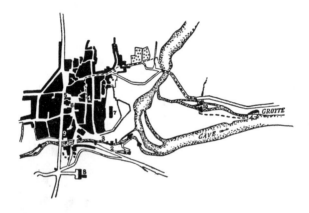

Vom Süden her an die Stadt herankommend, brauste der Gavefluß an den Pfeilern des Pont-Vieux vorbei, wand sich um den Felsenvorsprung von Mirabel (die alte Burg) herum und setzte seinen Lauf zum Adour und zum Ozean fort. Von Tarbes her mündete die Nationalstraße am Stadteingang in die Straße von Pau, an der Stelle, wo im Hospital der Schwestern von Nevers jene Marie Thérèse Vauzous wohnte, die eine große Rolle im Leben der Seherin von Lourdes spielen sollte. Nicht weit von der alten Pfarrkirche schlängelte sich die Nationalstraße vorbei, durchquerte die Stadt von Norden nach Süden und zog sich am Fuße des Pic du Jer hin, um sich am Gave entlang in die Berge hinaufzuwinden. Diese Hauptverkehrsader der Gegend wurde in der Stadt von vier gleichgerichteten Straßen gekreuzt: der Rue du Fort, der Rue du Bourg, der Rue des Petits-Fossés und der Rue Basse.

Das Hauptkontingent der Einwohner bildeten die kleinen Handwerker und Bauern, Gärtner, Steinhauer und Schieferbrecher, die in niedrigen Häuschen mit ihren vielköpfigen Familien hausten. Ein Menschenschlag voll Gewecktheit und Kritiksucht, gleich aufgeschlossen für ideale Geistigkeit wie für die rauhe Wirklichkeit, ein Völkchen mit klarem Kopf und sicherem Auftreten, voller Arbeitsgeist und Frohsinn. Glücklicherweise – wir werden später verstehen, warum – gab es in Lourdes aber auch Freidenker und sogar Atheisten. Die Stadt war schon damals der Mittelpunkt eines regen Verkehrs, der vor allem durch die umliegenden Pyrenäenbäder gefördert wurde. Zur schönen Jahreszeit durchfuhren damals die Kutschen, Post- und Stellwagen das Städtchen oder hielten vor dem Gasthof „Zur Post" an. Es gab Ärzte und Beamte, Gerichtspersonal und Soldaten, Polizeimänner und Gendarmen (allerdings nur sieben, darunter sogar einen berittenen!) in den Mauern des Städtchens. Mehrere gute Schulen betreuten die Jugend, ein Hospital die Kranken, Cafés und Wirtschaften sorgten für leibliches Wohl.

Dieser leicht fortschrittliche Anstrich konnte aber die Einwohner in der Mehrzahl nicht hindern, ihrem altangestammten katholischen Glauben treu zu sein, ein christliches Leben zu führen und sich in allen möglichen Bruderschaften zu vereinigen. Vor allem die erwachsenen Mädchen und Jungfrauen fanden sich in großer Zahl in der Genossenschaft der *Marienkinder* zusammen und gaben der Stadt ein marianisches Gepräge. Jeden

Samstag sangen sie in der tausendjährigen Pfarrkirche St. Pierre seit alters her ein Salve Regina, beteten den Rosenkranz und zogen gemeinsam in Prozessionen zu den umliegenden Wallfahrtsorten der Muttergottes, gekleidet in ihre Farben Blau und Weiß, nebst Medaille und Rosenkranz. Das war Lourdes im Jahre 1858.

Wie bei allen weltberühmten Wallfahrtsorten hat sich auch in Lourdes seit 1870 eine etwas hastige Bauspekulation breitgemacht, die jedoch immer mehr in kluger Überlegung eingefangen wird und dem alten sowie dem neuen, fast großstädtischen Charakter gerecht zu werden sucht.

Lourdes ist heute die Hauptstadt des Kreises und ganz modern mit Post, Telegraf und Telefon eingerichtet. Es gibt Gas und elektrisches Licht, Trinkwasser und Kanalisation, Ärzte und Apotheker, Markthallen und Zeitungskioske und alle Arten von Gewerbe. Seine Spezialindustrie erstreckt sich auf die Herstellung von Schokolade, die Arbeiten in den Kalkwerken und Steinbrüchen, wo Schiefer, Marmor und Schlangenstein dem täglichen Gebrauch zugeführt werden, und auf Devotionalienfabrikation.

Selbstverständlich fehlt es auch nicht an Unterhaltungsmöglichkeiten. Es finden sich Kinos, ein Wachsmuseum, auf dem Gave, der reich an Forellen und Aalen ist, gibt es die Möglichkeit des freien Fischens und Angelns, außerdem sorgen verschiedene Jagden, Sport jeder Art, Klubs und Gesellschaften für Anregung oder Zerstreuung. Über Sehenswürdigkeiten, Spaziergänge und Ausflüge finden Sie manches auf den Seiten 95–129.

DIE SEHERIN VON LOURDES
Ihre Eltern und Jugendzeit

Seit dem Erscheinen des Buches von Franz Werfel: „Das Lied von Bernadette", und besonders seit der Aufführung des Filmes gleichen Namens kennt wohl jedermann in Deutschland die kleine Seherin von Lourdes: *Bernadette Soubirous*. Ihre Eltern waren einfache Leute, die in der Mühle „Boly" (S. 93) am Lapacabach unweit des Gave ihr bescheidenes Leben führten. Sie hatten im Jahre 1858 vier Kinder, zwei Knaben und zwei Mädchen. Bernadette, die Älteste, wurde am 7. Januar 1844 geboren. Später folgten dann noch weitere vier Kinder.

Der Vater *François* war eine ehrliche und gutmütige Haut, aber ein etwas lässiger und gleichgültiger Müller. Oft allzu gutmütig, so daß er manchmal nicht einmal den ausstehenden Lohn für seine Arbeit einzufordern wagte. Ausgaben und Einnahmen stimmten nicht überein. Noch dazu war er gastfreundlich gegen seine Kunden, die ihr Getreide zur Mühle brachten. Zu allem Überfluß verurteilte der wasserarme Bach den Müller von Zeit zu Zeit zu völliger Arbeitslosigkeit. Seine Frau *Louise*, 18 Jahre jünger als er, war eine gute Gattin und Mutter, aber gegen die Nachlässigkeit in der Geschäftsführung ihres Mannes kam sie nicht auf. So kam, was kommen mußte; die Armut zwang sie, die Mühle aufzugeben und nach allerlei bitteren Versuchen erhielten sie kostenlos einen kleinen Raum im Erdgeschoß der Wohnung ihres Vetters

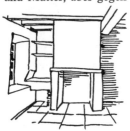

Sajous in der Rue des Petits-Fossés. Es war einst das Haftlokal von Lourdes, der sogenannte *Cachot*, ein jämmerliches Loch. (S. 93)

Bernadette war ein lebhaftes Kind, litt aber schon früh an starkem Asthma. Wenn auch die Eltern versuchten, ihren täglichen Maisbrei mit Weißbrot, Zucker und ein klein wenig Wein etwas aufzubessern, das Mädchen machte ihnen mit seiner geschwächten Gesundheit doch Kummer. So ließen sie es gerne zu, daß eine Bäuerin, Marie Laguès, die Bernadette schon einmal einige Jahre betreut hatte, zu sich nach dem nur drei Kilometer nördlich gelegenem Bartrès holte. Damals war es ein Unglücksfall gewesen, der Marie Laguès, kurz nach Bernadettes Geburt, bewogen hatte, das Kind zu sich zu nehmen. Mutter Soubirous war übermüdet am Herdfeuer eingeschlafen, und eine brennende Harzkerze, die auf ihr Kleid fiel, hatte den Stoff entzündet und ihre Brust so verbrannt, daß sie ihr Töchterchen nicht mehr stillen konnte. Genau wie damals bewies Marie Laguès auch jetzt ihr gutes Herz. In Bartrès hütete Bernadette die Schafe wie einst Johanna von Arc und betete fleißig den Rosenkranz. Es war das einzige Gebet, das sie konnte. Da sie selten zur Schule kam, vermochte sie weder zu lesen noch zu schreiben. Aber sie besaß die Einfalt des Herzens, die sie in den Augen Gottes groß machte. Hin und wieder häufte sie kleine Steine aufeinander, um ein Haus oder eine Kapelle zu imitieren, und immer herzte sie das winzigste ihrer Schafe, weil – wie sie selbst sagte – alles Kleine sie anzog. Der klare Blick ihrer großen Augen gemahnte den Pfarrer des Nachbardorfes an die Hirtenkinder von La Salette, die einer Erscheinung Unserer Lieben Frau gewürdigt worden waren. War die Bäuerin manchmal grob, nahm sie das gar nicht übel, sondern sagte einmal zu einer Bekannten: „Ich denke einfach, der liebe Gott will es so haben. Und wenn man davon überzeugt ist, dann klagt man nicht."

Die älteste Tochter der Soubirous war schon fast 15 Jahre alt und hatte immer noch nicht die erste heilige Kommunion empfangen. Um die Schule regelmäßig besuchen zu können, kehrte sie nach viermonatigem Aufenthalt bei ihrer Pflegemutter nach Hause zurück. Soweit sie nicht in der Schule war, half sie im Haushalt mit, beaufsichtigte die kleineren Geschwister, unterhielt sie mit Stecknadel- und Knöchelspielen und ließ sich keineswegs stören durch die ärmlichen Verhältnisse im Cachot mit seinem übelriechenden Hof von kaum 20 Quadratmeter. Zwar schien nie die Sonne durch die einzigen beiden engen Fenster mit den Eisenstäben; denn die nur vier Meter entfernte Stadtmauer ließ kein Licht zu ihnen herein; aber in ihrer kindlichen Seele wirkte die Sonne der göttlichen Gnade und das genügte ihr vollauf.

Der 11. Februar 1858

Es war der jeudi gras, wie die Franzosen sagen. Bei uns würde man ihn den „unsinnigen Donnerstag" nennen, und die Lourder feierten Fasching. Draußen war es kalt. Im Cachot auch, und überdies lag Papa Soubirous krank zu Bett. Nach dem kärglichen Frühstück, gegen neun Uhr, rief Bernadette plötzlich aus: „Guter Gott, es ist kein Holz mehr da!" Sogleich machten sich ihre Schwester Maria und deren anwesende Freundin Jeanne Abadie auf den Weg. Nach einigem Zaudern erlaubte die Mutter auch der anfälligen Bernadette, sie zu begleiten. Doch mußte sie nebst dem üblichen Kopftuch auch das Capulet mitnehmen. Dieses graziöse Kleidungsstück ist eine Eigenart der pyrenäischen Mädchen und Frauen. Bald von blendendem Weiß, wie das der Bernadette, oder auch von leuchtendem Rot, umrahmt es das Gesicht, fällt über die Schultern herab und schützt gegen

Regen und Wind. Ist es warm, wird es zusammengefaltet als viereckiges Barett auf dem Kopf getragen.

Die drei Kinder verließen die Stadt, überquerten die Brücke und waren bald auf dem linken Ufer des Gave. Bei einem kleinen Kanal angekommen, der sich in den Gave ergießt, sahen sie ihnen gegenüber eine steile Felsenmasse, Massabielle genannt (alter Felsen), die voller Gesträuch und Efeu war und sich zu einer Grotte öffnete. Dort lagen Holz und auch Knochen, die man der Lumpensammlerin verkaufen konnte. Im Nu waren die beiden Mädchen nackten Fußes drüben, aber Bernadette zauderte, denn das Wasser mußte eiskalt sein. Bald waren ihre zwei Begleiterinnen verschwunden, ohne sich um das ihnen zimperlich scheinende Mädchen mehr zu kümmern.

Eben läutete es den Angelus von allen Türmen der Pyrenäendörfer. Bernadette war gerade dabei, die Strümpfe auszuziehen, als sie plötzlich starkes Rauschen vernahm. Sie sah auf der einen Seite vor sich die Grotte wie einen riesigen Backofen mit einer Art Spitzbogenfenster unter der oberen Wölbung; sie drehte sich nach dem Gave um, aber dessen Pappeln standen ruhig da, als ob nichts wäre. Mit dem Körper gegen die Grotte gewandt, zog sie den zweiten Strumpf aus. Wiederum dieser befremdende Windstoß, und als sie den Kopf hob, erblickte sie in der oberen Aushöhlung, gerade über dem rankenden Gebüsch, aus dem die zitternden Äste eines Rosenstrauches ragten, eine junge wunderschöne Dame, ganz von Licht umflossen. Lassen wir die Seherin selbst sprechen:

„Ich war einigermaßen bestürzt und glaubte an eine Täuschung. Ich rieb mir die Augen, aber es war umsonst.

Ich sah immer noch die gleiche Dame. Da griff ich in die Tasche und nahm meinen Rosenkranz zur Hand. Als ich aber versuchte, das Kreuzzeichen zu machen, konnte ich die Hand nicht bis zur Stirne heben. Da wuchs meine Bestürzung noch mehr. Die Dame nahm den Rosenkranz, den sie in den Händen hielt und machte selbst das Kreuzzeichen. Nun versuchte auch ich mich zu bekreuzigen, und diesmal ging es. Sobald ich das Kreuzzeichen gemacht hatte, wich meine Angst. Ich kniete nieder und betete den Rosenkranz in Gegenwart dieser schönen Dame. Nachdem ich den Rosenkranz beendet hatte, gab mir die Dame ein Zeichen, näherzukommen; aber ich wagte es nicht, und da verschwand sie."

Nach den Protokollen der bischöflichen Kommission machte Bernadette ihren Freunden aus der Familie Estrade Mitteilungen, die das Vorige noch ergänzen.

„Als ich den Kopf nach der Grotte wandte, sah ich in einer der Felsöffnungen einen Strauch, einen einzigen, der sich bewegte, als ob ein heftiger Wind wehte. Fast gleichzeitig kam aus dem Innern der Grotte eine goldfarbige Wolke und gleich darauf eine junge und schöne, vor allen Dingen schöne Dame, wie ich noch nie eine gesehen hatte und blieb vor der Öffnung über dem Rosenstrauch stehen. Sie schaute sogleich zu mir herüber, lächelte mir zu, machte ein Zeichen, daß ich näher kommen sollte, gerade als ob sie meine Mutter wäre. Die Dame stand immer da, lächelte mir zu und gab mir durch Zeichen zu verstehen, daß ich mich nicht täusche. Sie ließ mich ganz allein beten; sie selbst ließ auch die Perlen ihres Rosenkranzes durch ihre Finger gleiten; doch sie sprach nicht. Nur am Ende jedes Gesetzchens sagte sie mit mir: Gloria Patri et Filio et Spiritui Sancto."

Es war also kein Trugbild, keine krankhafte Einbildung, es war ein lebendes Wesen. Lassen wir noch einmal Bernadettes köstliche Schilderungsweise auf uns wirken:

„Es war ein sehr junges Mädchen oder eine ganz junge

Frau, eine Madamo oder eine Madamizelo (wie die Worte in ihrem bigorrischen Dialekt lauten), nicht größer als ich. Sie trug ein weißes Kleid, das bis auf die Füße reichte, von denen nur die Spitzen sichtbar waren. Das Kleid war hochgeschlossen, um den Hals hatte es einen Zugsaum, aus dem eine weiße Kordel heraushing. Ein weißer Schleier, der den Kopf bedeckte, hing gerade über Schultern und Arme herab und reichte bis zum Saume des Kleides. Auf jedem Fuße sah ich eine gelbe wie Gold glänzende Rose, die am Kleide angeheftet schien. Der Gürtel des Kleides war blau, dreimal so breit wie meine Hand und seine Zipfel hingen fast bis zu den Füßen hernieder. Die Kette des Rosenkranzes war gelb wie Rosen; die Perlen waren dick, weiß und sehr weit voneinander entfernt. Das Mädchen war lebendig, sehr jung und von Licht umstrahlt."

Als die beiden Begleiterinnen zurückkamen, sahen sie Bernadette völlig verloren auf dem Boden knien. Sie warfen einen Stein nach ihr, da sie auf Anrufe nicht reagierte. Schließlich kam sie zu sich, watete durch das kalte Wasser, fand es aber warm wie Spülwasser. Auch ihre Füße fühlten sich warm an.

Auf dem Heimweg erzählte Bernadette ihren Gefährtinnen von ihrem Erlebnis. Marie berichtete es der Mutter, die keinesfalls begeistert war, und Vater Soubirous schalt sie heftig aus. Damit begann Bernadettes Leidensweg. Die übrigen Visionen, die sich im ganzen auf achtzehn belaufen, sollen nur kurz zusammengefaßt geschildert werden.

Der 14. Februar: Exorzismus

Es ist Sonntag. Die Begleiterinnen Bernadettes auf ihrem ersten Gang nach Massabielle haben in den vergangenen Tagen alles ihren Freundinnen berichtet und die Mutter bestürmt, die Seherin wieder zur Grotte begleiten zu dürfen. Bernadette hat aus der Kirche Weihwasser mitgebracht. An der Grotte wartet bereits die schöne Dame auf sie. Bernadette spritzt das geweihte Wasser gegen sie, doch die Dame lächelt nur entzückend. Bernadette gerät in Ekstase. Ihre Freundinnen glauben, sie würde auf der Stelle sterben.

18. Februar: Bitte und Versprechen der Dame

Donnerstag, frühmorgens. Begleitet von Frau Millet, die eine Kerze mitbringt und von Frl. Peyret, die Papier Feder und Tinte trägt, kommt sie zur Grotte. Sobald die Dame erscheint, reicht Bernadette ihr Papier, Feder und Tinte und bittet sie, aufzuschreiben, was sie von ihr wolle.
Zum erstenmal spricht diese: „Was ich Ihnen zu sagen habe, braucht nicht niedergeschrieben zu werden. Haben Sie die Güte, 15 Tage lang hierherzukommen?"
Als das Kind dies verspricht, fährt die Dame weiter: „Ich verspreche Ihnen nicht, Sie in dieser Welt glücklich zu machen, aber in der anderen."

19. Februar: Flucht der bösen Geister

Bernadette berichtet der Mutter über ihr Versprechen der Dame gegenüber. Sie begibt sich mit der Mutter und ihrer Patin Bernarde Castérot nach Massabielle. Einige andere Frauen folgen. Beim Erscheinen der Dame sinkt Bernadette in eine halbstündige Verzückung. Entsetzt schreit Mutter Soubirous: „O Gott, nimm mir nicht mein Kind!" „Wie wunderschön sie ist!" ruft eine der Zuschauerinnen aus.
Nach der Ekstase erzählt die Seherin, daß sich vom Gave her feindselige Stimmen hören ließen, unter denen die eine hörbar schrie: „Schau, daß du weiterkommst!" Aber die schöne Dame habe den Kopf gehoben, die Stirne gerunzelt und die Zurufe hätten plötzlich aufgehört.

20. Februar: Ein geheimes Gebet für Bernadette

Es ist Samstag gegen einhalb sieben Uhr morgens. Die Mutter, eine andere Tante, Lucile Castérot und an die hundert Menschen befinden sich an der Grotte. Das Mädchen kümmert sich nicht um sie, kniet nieder, macht ein schönes Kreuzzeichen, beginnt den Rosenkranz zu beten, und sogleich nimmt ihr Gesicht einen übernatürlichen Ausdruck an. Die Anwesenden untersuchen das ovale Loch der Höhle, finden aber nichts. Nachher befragt, erwidert Bernadette, die Dame hätte die Güte gehabt, sie Wort für Wort und Satz für Satz ein Gebet zu lehren, das aber nur für sie allein bestimmt wäre.

21. Februar: Aufforderung, für die Sünder zu beten

Die wartende Menge ist schon größer als gestern. Ganz vorne befindet sich der skeptische Arzt von Lourdes, Dr. Dozous, mit dem Chef der Gendarmerieabteilung, Renault und sein Sekretär Bigué. Der Arzt faßt während der Ekstase das Kind am Arm: normale Blutzirkulation und normaler Atem, ohne jede nervöse Reizung. Bald wird er gläubiger Christ sein. Die Dame hatte zu Bernadette gesagt: „Beten Sie für die Sünder!"

Am selben Sonntag wird Bernadette vom kaiserlichen Staatsanwalt Dutour und vom Polizeikommissar Jacomet verhört. Da sie ihnen nicht verspricht, die Grotte zu meiden, lassen sie den Vater kommen, drohen ihm mit Gefängnis und erreichen das Gewünschte. Am nächsten Tag geht das Kind zur Schule, aber plötzlich nimmt es den Weg zur Grotte, gefolgt von zwei Gendarmen. Die schöne Dame erscheint nicht.

23. Februar: drei Geheimnisse

Die Mutter Soubirous läßt ihr Kind wieder nach Massabielle gehen, begleitet es selbst mit ihren Tanten. An die zweihundert Leute warten schon, darunter Dr. Dozous, Estrade, der Advokat Duffo, der Hauptmann de la Fitte usw. Sie können sich nicht des Eindrucks erwehren, daß dieses Mädchen mit einer geheimnisvollen Persönlichkeit spricht. Estrade wird gläubig. Das Kind erhält von der Dame drei Geheimnisse, die sie mit ins Grab nehmen wird.

24. Februar: Buße! Buße! Buße!

Am Felsen von Massabielle, am Ufer des Savy-Kanals und auf dem linken Ufer des Gave warten an die 500 Menschen. Der Brigadechef der Gendarmerie d' Angla mit dem Feldgendarm Callet erregen durch ihr herrisches Auftreten die Mißbilligung der Leute. Bernadette gerät bald in Verzückung, aber ihr strahlendes Antlitz verdüstert sich plötzlich, und Tränen rollen ihr über die Wangen. Sie wendet sich an die Menge und wiederholt dreimal die Worte der Dame: „Buße, Buße, Buße!"
Die erste Botschaft an die Umwelt.

25. Februar: das Quellenwunder.

Immer größer wird die Zuschauermenge in der Umgebung von Massabielle. Nicht lange nach Beginn des Rosenkranzes erhält Bernadette von der Dame den Befehl: „Trinken Sie aus der Quelle und waschen Sie sich darin!"
Aber das Mädchen sieht keine Quelle. Die Dame zeigt ihr eine Stelle rechts von der Grotte. Dort gräbt Bernadette, schöpft das mit Erde vermischte Wasser mit beiden Händen, und – nach kurzem Zögern und einem unschlüssigen Blick auf die Dame – trinkt sie davon, wäscht sich das Gesicht und ißt etwas Gras. Als sie sich umwendet, das Gesicht beschmutzt, ruft die Menge: „Das arme Kind ist verrückt geworden!" Doch Bernadette erklärt bald den Befehl der Dame.
Die wunderbare Quelle ist da.

27. Februar: Auftrag an die Priester

Die Heilung des Steinmetzes Louis Bouriette, der fast gänzlich erblindet war, läßt die Menge vor der Grotte immer stärker anwachsen. Herr Clarens, der Schuldirektor von Lourdes, ist anwesend und wird ein Anhänger Bernadettes. Diese erzählt nach der Verzückung, daß sie an die Geistlichen den Auftrag erhalten habe, bei Massabielle eine Kapelle zu erbauen. Bernadette führt den Befehl aus und geht zum Pfarrer der Stadt, Peyramale, den sie mehr fürchtet „als einen Gendarmen". Die Geistlichkeit von Lourdes und Umgebung widmet nämlich den Erscheinungen nicht die geringste Aufmerksamkeit.

28. Februar: neues Verhör Bernadettes

Über 2000 Menschen erwarten sie an der Grotte. Aus dem Benehmen erspürt die Menge die Anwesenheit der schönen Dame. Heiliges Schweigen begleitet die Verzückung, und viele Frauen beten still den Rosenkranz. Nachher bedroht die Polizei die Seherin mit Gefängnis, wenn sie noch einmal nach Massabielle ginge. Aber Bernadette läßt sich nicht einschüchtern.

1. März: die vertauschten Rosenkränze

Zum erstenmal begleitet Vater Soubirous seine Tochter. An die 1300 Personen sind bereits anwesend. Eine Dame hatte sie gebeten, ihren Rosenkranz zu benützen. Als sie aber das Kreuzzeichen machen will, sagt die Erscheinung in der Grotte: „Sie täuschen sich, das ist nicht Ihr eigener Rosenkranz." Schnell zieht sie den ihren aus der Tasche und beginnt zu beten.
An diesem 1. März schickt der kaiserliche Staatsanwalt Dutour seinen ersten Bericht an den Generalpräfekten von Pau über die Ereignisse bei Massabielle.

2. März: „Man soll in Prozessionen hierherkommen!"

Gegen 2000 Personen warten. Die Seherin erhält von der Dame den Auftrag, daß die Leute in Prozessionen zur Grotte wallfahren sollen. Also wieder ein beängstigender Gang zum Dekan Peyramale. Er verlangt ein Zeichen von der Dame: sie soll jetzt den Rosenstrauch zu ihren Füßen erblühen lassen!

Der Bürgermeister Lacadé von Lourdes und der Unterpräfekt von Argelès Duboé schreiben wegen der Ereignisse an Baron Massy, den Präfekten von Tarbes. Man bespricht sich mit der Geistlichkeit in der Person Peyramales.

3. März: Erklärung der schönen Dame

Schon zwischen sechs und halb sieben Uhr früh sind etwa 4000 Menschen da. Das Kind kniet nieder, entzündet eine Kerze und streckt hilflos die Arme aus. Aber die Dame erscheint nicht.

Als sie später nochmals zur Grotte eilt, gibt ihr die Erscheinung folgende Erklärung: „Sie haben mich heute früh nicht gesehen, weil Sie von manchen Leuten beobachtet wurden; diese sind dessen unwürdig. Diese Menschen haben die vergangene Nacht in der Grotte verbracht und sie profaniert." Bernadette richtet die Worte des Pfarrers aus, aber die Dame lächelt nur dazu und verlangt von neuem den Bau einer Kapelle.

4. März: 20000 Menschen anwesend

Es ist Donnerstag und der 15. Tag der von der Dame gewünschten Besuche. Die Behörden von Lourdes haben alle möglichen Vorkehrungen getroffen. Die Polizei ist vertreten. Das Mädchen kommt, kniet nieder, ohne die Menge eines Blickes zu würdigen, nimmt den Rosenkranz und betet. Als die Verzückung beginnt, nehmen alle die Hüte ab, selbst der Polizeikommissar.

Keine Botschaft an die harrenden Scharen des Volkes! Die Dame lächelt dem Mädchen am Schluß der langen Ekstase zu, nimmt aber nicht von ihm Abschied. Der Pfarrer sagt dem Mädchen: „Wie sollte ich der Dame zu Ehren eine Kapelle bauen, da ich nicht einmal ihren Namen weiß?"

25. März: „Ich bin die Unbefleckte Empfängnis."
Drei Wochen lang geht Bernadette an die Grotte, aber die Dame erscheint nicht. Die Behörden werden immer unruhiger. Bischof Laurence von Tarbes befiehlt eine gründliche Vernehmung der Seherin und anderer Zeugen. An Mariä Verkündigung begibt sich Bernadette mit ihrer Mutter und einigen Verwandten an die Grotte. Dreimal bittet das Mädchen die Dame um ihren Namen. Dreimal lächelt diese still vor sich hin. Dann sammelt sie sich, hebt die verschlungenen Hände bis zur Brust und gegen Himmel schauend, spricht sie im bigorrischen Dialekt Bernadettes: „Ich bin die Unbefleckte Empfängnis!" Darauf verschwindet sie.

Das Mädchen wiederholt auf dem Heimweg immerzu diese Worte, die sie nicht versteht, und überbringt sie dem Dekan Peyramale. Von jetzt ab ist er der Freund Bernadettes und schützt sie gegen die Böswilligkeit der Behörden. Das arme Kind soll eingesperrt werden, es wird vor drei Ärzte geschleppt, die bei ihm irgendeine Art von Irrsinn zu finden hoffen. Sie stellen nichts als ihr Asthma fest. Die Grotte wird polizeilich geschlossen.

7. April: das Kerzenwunder
6000 Menschen beobachten, daß an der Grotte die Kerze der Seherin zwischen den Fingern mit langer züngelnder Flamme brennt. Entsetzt rufen sie aus: „Sie brennt sich ja!" Aber der kaltblütige Dr. Dozous wartet eine Viertelstunde lang die Wirkung ab. Als er die Hand unter-

sucht, kann er nicht die geringste Verletzung feststellen. Um den Gegenbeweis zu machen, hält er die Kerze mehrmals unter die Hand des Mädchens. Sie zieht rasch die Hand zurück und schreit: „Sie brennen mich ja!"

Während der Ekstase war sie also völlig unempfindlich. Die Haltung der Behörden ist nach wie vor feindselig; 76 Besucher der Grotte, die Wasser aus der Quelle geschöpft hatten, erhalten Strafprotokolle.

16. Juli: stumme Szene des Abschieds

Abgesehen vom Monat Mai, wo Bernadette in Cauterets weilt, verbringt sie die Zeit im Cachot bei ihren Eltern.

Am 3. Juni kann sie endlich bei den Schwestern von Nevers in der Kapelle des Hospizes ihre erste heilige Kommunion empfangen. Am 16. Juli kommuniziert sie wieder in der Pfarrkirche St. Pierre. Nachmittags fühlt sie sich zur Grotte hingezogen.

Da der Zutritt zur Grotte verboten ist, kniet sie sich auf dem rechten Ufer des Gave nieder. Kaum hat sie den Blick auf die Grotte gerichtet, als ihr Gesicht einen verklärten Ausdruck annimmt und sie ruft aus: „Ja, ja – das ist sie. Sie grüßt und lächelt uns zu! Nie habe ich sie so schön gesehen."

Sie hat zum letzten Mal ihre schöne Dame erblickt, und sie haben wortlos, aber im innigsten Einverständnis voneinander Abschied genommen.

Am 5. Oktober wird auf Befehl Kaiser Napoleons III. die Grotte freigegeben, die Barrikaden werden unter dem Jubel des Volkes weggeräumt, und ungehindert beginnt nun der Zustrom des frommen Volkes, der von Jahr zu Jahr immer mehr wachsen wird.

Die Seherin von Lourdes

Das weitere Leben Bernadettes: Bernadette blieb, was sie immer war, das freundliche, natürliche, unscheinbare Wesen. Acht Jahre lang umdrängten sie die Leute wie eine Heilige. Sie sollte Rosenkränze berühren; aber fast schnippisch antwortete sie: „Berührt sie doch selbst; dann sind sie geradesogut!" Als sie jemand bemerkte, der ihren Rocksaum küssen wollte, murmelte sie hörbar: „Wie blöd! Die Leute sind wohl verrückt!"

Von 1860 ab wohnte sie bei den Spitalschwestern, hatte aber auch da kaum Ruhe vor all den Bittstellern und Neugierigen. Sie konnte aber auch übermütig sein und hatte Spaß an allen möglichen Schelmereien. Einmal begann während des Unterrichts eine Schülerin nach der anderen zu niesen. Als die Lehrerin ärgerlich wurde, stand Bernadette auf und sagte unschuldig: „Schwester, Sie wissen doch, daß ich wegen meines Asthmas schnupfen muß. Und da habe ich eben auch meinen Nachbarinnen angeboten." Auf der anderen Seite behielt sie aber auch ihren Eigensinn und ihre schlechten Launen.

Am 3. Juli 1866 ging Bernadette in Begleitung einiger Schwestern zum letztenmal zur Grotte. Bitterlich weinend küßte sie den Felsen und flüsterte: O Mutter, Mutter, nie werde ich dich verlassen können!" Endlich wandte sie sich ruckartig und ging, ohne sich noch einmal umzublicken. – Am nächsten Morgen wartete auf sie der herzzerreißende Abschied von den Ihren. Schließlich stieg sie in den Wagen, der sie ins Kloster nach Nevers entführte, ins Mutterhaus Saint-Gildard.

Unter der Leitung der nicht immer verständigen Schwester Marie-Thérèse Vauzous, die in Lourdes schon ihre Lehrerin gewesen war, machte sie das Noviziat. Als sie ihre Profeß abgelegt hatte, wurde sie zuerst als Krankenschwester und später in der Sakristei verwendet. Dort führt sie Zeichnungen und Stickereien in so vollendeter künstlerischer Form aus, daß selbst Sachverständige sich nicht genug wundern konnten. In aller klösterlichen Demut und Unauffälligkeit bewahrte sie dennoch ihren angeborenen Mutterwitz. Als eine Schwester ihr einmal ein Bild von der Grotte zeigte, fragte Bernadette: „Was tut man mit einem Besen, Schwester?"

„Welch eine komische Frage! Man braucht ihn zum Kehren!"

„Und nachher?"

„Dann stellt man ihn wieder an seinen Platz!"

„Wo ist sein Platz?"

„In einer Ecke hinter der Türe!"

„Sehen Sie, das ist meine Geschichte. Die allerseligste Jungfrau hat sich meiner bedient; dann bin ich in eine Ecke gestellt worden. Das ist mein Platz, da bin ich glücklich, und da bleibe ich."

Das alte Leiden, das Asthma, machte ihr viel zu schaffen.

Dazu versteifte eine große Geschwulst ihr rechtes Knie und verursachte heftige Schmerzen. So wurde sie geläutert und reif befunden, als sie am 16. April 1879 auf ihrem Sterbelager die letzten Worte flüsterte: „Heilige Maria, Mutter Gottes, bitte für mich arme Sünderin – arme Sünderin –!"

Sie ist 35 Jahre alt geworden. Im Chor der Klosterkirche des Mutterhauses in Nevers liegt sie begraben.

Auf ihrem Grabstein stehen die schlichten Worte:

> Gott ist die Liebe!
> Hier ruht
> im Frieden des Herrn
>
> BERNADETTE SOUBIROUS
>
> beehrt in Lourdes im Jahre 1858
> mit mehreren Erscheinungen der
> allerseligsten Jungfrau,
>
> im Orden
> Schwester Marie-Bernard
>
> gestorben in Nevers
> im Mutterhause
> der Barmherzigen Schwestern
>
> am 16. April 1879
> im 36. Jahre ihres Alters
> und im 12. Jahre ihrer Ordensprofeß.
>
> Das ist mein Ruhesitz,
> da will ich wohnen,
> so war's mein Verlangen!
> Psalm 131 Vers 14
>
> Sie ruhe in Frieden!

Dreimal wurde sie bisher exhumiert: 1909, 1919, 1925. Das ärztliche Urteil lautet: „Das Skelett ist vollständig vorhanden, die Muskeln sind atrophiert, aber gut erhalten; der Körper scheint weder in die übliche Fäulnis noch in Verwesung übergegangen zu sein."

Am 14. Juli 1925 wurde sie selig-, am 8. Dezember 1933 heiliggesprochen

Der Pfarrer der Seherin: Peyramale

Wegen der bedeutenden Rolle, die ihm bei den Erscheinungen in Lourdes zufiel, sei ihm hier ein kleines Denkmal gesetzt.

Marie-Dominique Peyramale war der Sohn eines Arztes, von dem seine Kollegen behaupteten, er habe nichts gekannt als seinen Gott, seinen König und seine Medizinen. Sein Sohn war ein Kind der Hochpyrenäen wie Bernadette. Am 9. Januar 1811 wurde er geboren.

Als kleiner Junge schon war er robust und charmant, voller Überschuß an Kraft und Güte, lebhaften Geistes, zärtlich und fröhlich, empfindsam und zugleich aufbrausend. Er wuchs heran und blieb in den Anlagen immer der gleiche.

Man hätte ihn in der Familie gerne als Kavallerieoffizier gesehen, aber er wurde Priester, und das mit Leib und Seele. Was man von ihm an Anekdoten erzählt, könnte ein ganzes Buch füllen.

Nur zwei kleine Anekdoten, die ihn besser kennzeichnen als eine lange Abhandlung über seinen Charakter:

Als Peyramale Pfarrer von Aubarède war, kam eines Tages hilfesuchend ein Mann zu ihm, der sich vor Schulden nicht mehr retten konnte. Der Pfarrer dachte ein wenig nach, dann öffnete er die Stalltüre. Der Bittsteller folgte mit den Augen dem Finger des Pfarrers, der kurz erläuterte: „Dort an der Wand sitzt ein Haken. An dem Haken hängt ein Zügel. Den hängen Sie dem Pferd um den Hals, führen es auf den Markt und verkaufen es!" Der Mann war sprachlos, aber der Pfarrer herrschte ihn an: „Hauen Sie ab! Wenn Sie ein Wort verraten, hole ich das Pferd wieder und lasse Sie pfänden!"

Vater Peyramale, der dem Sohn das Pferd für die Pfarrseelsorge geschenkt hatte, erkundigte sich nach einiger Zeit nach dem Befinden des Tieres und erriet, nachdem der geistliche Sohn lange genug um den Brei herumgeredet hatte, schließlich die Zusammenhänge. Schelmisch meinte Marie-Dominique: „Weißt du, Papa, den Sattel habe ich behalten. Man hat manchmal seine rührseligen Anwandlungen!" Der Vater schenkte ein neues Pferd. Aber auch dieses und zwei weitere sollten in den nächsten fünf Jahren denselben Weg gehen. So galt Pfarrer Peyramale in seiner Familie bald als hoffnungloser Phantast. Er aber lachte dazu: „Ach wo, auf den Wegen des Himmels kommt man zu Fuß schneller voran als zu Pferde."

Alle seine Predigten wollten nicht helfen, die Sonntagsarbeit seiner Bauern abzuschaffen. Wieder eines schönen Sonntages – nicht die geringste Spur einer Gewitterwolke war am Himmel zu sehen – erblickte Peyramale vom Turm aus einen Bauern auf dem Felde. Kurz darauf war er bei ihm. „Was machst du denn hier?" „Herr Pfarrer, ich lade Garben auf." „Heute am Sonntag?" „Aber, Herr Pfarrer, es gibt doch dringende Fälle, wo man auch am Sonntag arbeiten muß!" „Mein Lieber, dazu holt man sich die Erlaubnis des Ortsgeistlichen, und die bringe ich dir hiermit. Weil es aber ein dringender Fall ist, erlaube, daß ich dir helfe!" Und schon war er auf dem Wagen oben und begann, Garbe auf Garbe zu schichten. Abschließend sagte er zu dem verblüfften Bauern: „So, mein Freund. Du hast den Herrgott um einen Tag bestohlen, dafür bringst du den armen Leuten gleich neben deinem Anwesen eine Garbe." Der beschämte Mann brachte vier statt einer, und niemand im Dorfe wagte mehr, den Sonntag durch körperliche Arbeit zu entheiligen.

Seit 1855 wirkte Peyramale in Lourdes, damals noch der großen Welt fast unbekannt. Einmal wurde er auf einem Seelsorgsgang von drei Wölfen verfolgt. Den schweren Stock in der Faust, den Blick scharf auf die Bestien gerichtet, ging er langsamen Schrittes rückwärts, bis ihm am Eingang des Städtchens ein Mann zu Hilfe kam.

Die aufblitzenden Lichter der herbeieilenden Menschen verscheuchten die Wölfe. Peyramale aber meinte nur: „Drei Begleiter, die mich lediglich nach Hause bringen wollten. Jetzt kehren sie in ihre Höhlen zurück."

Als ihm der Katechet Bernadettes, Pomian, zum erstenmal von der Seherin berichtete, war Peyramale sehr zurückhaltend. Auch sein Bischof, Mgr. Laurence von Tarbes, billigte diese Neutralität seines Dekans. Einmal von der Echtheit der Erscheinungen überzeugt, stellte er sich mit seiner ganzen Autorität auf die Seite Bernadettes. Sofort begann er mit den Vorarbeiten zum Bau einer Kapelle und sorgte für eine würdige Verehrung der Muttergottes an der Stelle ihrer Erscheinungen. Er zerriß den ersten Plan vor den Augen des Architekten, weil

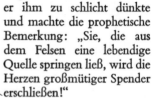

er ihm zu schlicht dünkte und machte die prophetische Bemerkung: „Sie, die aus dem Felsen eine lebendige Quelle springen ließ, wird die Herzen großmütiger Spender erschließen!"

Der deutsche Schriftsteller Hansjakob entwarf folgendes Bild von ihm: „Der Pfarrer von Lourdes ist ein großer und starker Mann mit ausgeprägten Zügen. Sein vornehmer und würdiger Kopf ist von weißen Haaren umrahmt. Auf den ersten Blick eine etwas grobe Erscheinung. Seine Augen haben etwas Durchbohrendes. Ich habe nie in meinem Leben einen Menschen von so wahrhafter, ernster, mitempfindender und aufrechter Haltung gesehen, wie diesen Priester."

Peyramale war beliebt bei seinen Gläubigen, und wenn er mit seiner tiefen, wohlklingenden Stimme ihren Gruß erwiderte, so schwang ein Herz voll Liebe darin mit.

Am 28. Juli 1875 legte der neue Bischof von Tarbes, Mgr. Jourdan, den Grundstein zur neuen Pfarrkirche (S. 102), die ganz die Idee des eifrigen Pfarrers verkörperte. Doch Gleichgültigkeit, Mißverständnisse und Anfeindungen, die er ihretwillen auf sich nahm, kosteten ihm das Leben, bevor er sein Werk vollendet sah. Am 8. September 1877 starb er. Die sterbliche Hülle des großen Dieners der heiligen Jungfrau ruht in der Krypta seiner Kirche.

DIE HEILIGEN STÄTTEN VON LOURDES

Unter vorläufiger Hintansetzung anderer Sehenswürdigkeiten (S. 101) wird der Lourdespilger zur Grotte Massabielle streben: ob er mit der Eisenbahn (gleich vor dem Bahnhof auf schlichtem Sockel die Bronzestatue der kleinen Bernadette: ein einfaches Pyrenäenkind mit Capulet und Holzschuhen) oder dem eigenen Wagen ankommt, ob er im Bus oder vom Flughafen Tarbes-Ossun-Lourdes (26 km) her die Stadt erreicht. In Lourdes führen alle Wege zur Grotte, am besten über den *Pont St. Michel*, der seinen Namen nach dem Erzengel Michael hat, dessen Statue bis vor wenigen Jahren hinter dem schmiedeeisernen Tor stand und jetzt seinen Platz unter den Bäumen im Hof rechts hat beim *Abri St. Michel*, mit Schlafsaal und Restaurant für die Krankenträger. Das eiserne Tor schuf der Lourder Künstler Lacarde (1906). Auf granitenen Pylonen wurden 1911 die beiden Erzengel aufgestellt, rechts St. Raphael, der Patron der Pilger, mit Wanderstab, Jakobsmuscheln, Kürbisflasche und dem Fisch, links St. Gabriel mit dem Buch und den ersten Worten an die Jungfrau von Nazareth: „Ave Maria", Worte, die in Lourdes von allen Nationen millionenfach wiederholt werden. Die ganze Domäne gehört dem Bistum von Tarbes und Lourdes, bzw. der Diözesangesellschaft.

Die Esplanade.

Bis zum Jahre 1858 war die heutige Esplanade, das Gebiet Savy (Insel du Chalet) mit Kanal, Mühle, Sägerei, alten Bäumen und einer Wiese, oft überschwemmt. Am Ende der Wiese erhob sich der Felsen Massabielle in einer Höhe von 27 m, überragt vom Berge der Espélugues mit keiner oder nur wenig Vegetation. Nördlich Massabielle der Gave, der an der Wiese La Ribère vorbei gegen Pau fließt. Abgesehen von der Sägemühle, eine weite, wüste Fläche. Seit 1874 begann

man mit dem einer Wallfahrt würdigen Rahmen. Heute das prachtvolle Bild der Esplanade, 2-5 m höher als die frühere Wiese, 2 große Alleen von 400 m Länge. Am Ende der Esplanade der imposante Anblick der drei übereinandergebauten Kirchen, links den Berg hinauf der Kreuzweg: eine Königstraße für die Prozessionen.
Die bretonische Kreuzigungsgruppe. 12 m hoch, 65 000 kg schwer. Acht Eisenbahnwagen waren nötig, um die Gruppe, die aus Granit von dem bretonischen Bildhauer Hernot geschaffen wurde, nach Lourdes zu transportieren. Der Kreuzesstamm trägt die Worte: „Christus siegt, Christus herrscht, Christus befiehlt!" Auf dem Sockel liest man auf lateinisch, französisch und bretonisch: „O Kreuz, einzige Hoffnung". Vier Granitfiguren von 1,8 m Höhe: Muttergottes, heiliger Johannes, Maria Magdalena und Hauptmann Longinus; das bretonische Wappen mit der Inschrift: „Eher sterben als sich beschmutzen."
Gegenüber dem bretonischen Kreuz (rechts) ist die unterirdische *Kapelle St. Josef*, die von Pierre Vago im selben Stil wie die Kirche Pius' X. geschaffen wurde.
Die gekrönte Jungfrau, am Ende der Esplanade. Eine 2,5 m hohe Figur, umgeben von einem schmiedeeisernen Gitter (1877). Erinnert an die ein Jahr vorher am 3. 7. 1876 vorgenommene Krönung einer anderen Statue von Cabuchet durch den Apostolischen Nuntius von Paris in Gegenwart von 35 Kardinälen, Erzbischöfen, und Bischöfen, 3000 Priestern und 100 000 Pilgern (jetzt im Museum U. L. Frau, gegenüber der unterirdischen Kirche des hl. Pius X.)
Accueil Asile Notre Dame (früher *Asile*). Nördlich der Esplanade ein 200 m langes Gebäude, am Ufer des Gave. Großes Hospital für die Pilgerkranken. Die Zufahrtswege für die großen Sanitätswagen wurden erst 1946 fertiggestellt. Begonnen 1877, gotischer Stil, Marmor und Eichenholz reich verwendet, seit 1910 erweitert,

kann jetzt 840 Kranke beherbergen. Großer Speisesaal für 500 Gedecke, elektrische Küchen. Die Kapelle mit schönem Altar aus karrarischem Marmor, Kronleuchter aus vergoldeter Bronze, mehrere kostbare Gemälde. Alle 6 Tage leert sich das Haus, und eine andere Wallfahrt nimmt den Platz ein.

Rechts der Rampe steht in einem kleinen Garten eine Statue der hl. Bernadette, ein Werk des Trappistenbruders Marie-Bernard aus der Klause Aigue-belle, Savoyen. Er hat auch die 2 entzückenden Figuren aus karrarischem Marmor in der Nähe auf der Esplanade geschaffen: Theresia vom Kinde Jesu und Bernadette mit ihrem Lieblingslämmchen. Vom gleichen Künstler stammt die Marmorstatue im Garten neben dem Pilgerhospiz, die Bernadette als Schwester Marie-Bernard von Nevers darstellt und zum Gedenken ihrer Heiligsprechung (8. Dez. 1933) eingeweiht wurde.

Eine *Pilgerunterkunft* zusätzlicher Art wurde auf der gegenüberliegenden Seite 1911 gebaut, Abteilungen für Frauen und Männer, Zimmer für die titulierten Krankenwärter, großer Schlafsaal für Pilger, Konferenzsäle. Im Winter werden hier Einkehrtage abgehalten (im Souterrain Toiletten). Der Weg links führt zu einer Abteilung des medizinischen Büros (Konferenzen, Untersuchungen, Bibliothek, Radiographie). Siehe auch S. 63.

Druckerei der Grotte. Sie liegt hinter der eben erwähnten Pilgerunterkunft (abri du pèlerin), genau auf dem Platz der ehemaligen Mühle Savy, wo am 11. Februar 1858 Bernadette auf ihrem Wege nach Massabielle vorüberging. Hier werden die Hirtenbriefe und Erlasse des Bischofs von Tarbes und Lourdes gedruckt, dann die Annales de Notre Dame de Lourdes (Monatszeitschrift), die allwöchentliche Grottenzeitung, die Kirchenzeitung der Diözese und andere religiöse Blätter.

Gegenüber dem *Pilgerheim* und der *Druckerei* steht ein eindrucksvolles Denkmal mit der Aufschrift „Salus Infirmorum" (Heil der Kranken). Karrarischer Marmor; ein junger kranker Mann, auf der Krankenbahre, dessen Augen auf die Muttergottes von Lourdes gerichtet sind; ein Krankenträger mit den gebräuchlichen Gurten über den Schultern, ein Meisterwerk des Bildhauers Jules Dechin.

Gegenüber das ständige Büro der Pilgerfahrten und *das Tor des heiligen Joseph*, das zum Place Msgr. Laurence führt. Die Statue trägt die Inschrift: „Man hat mich zum Wächter bestellt" (1909). Dieses Tor ist der Haupteingang von der Innenstadt her.

Bei der erwähnten Pilgerunterkunft zeigt ein Wegweiser zur Kirche Pius' X. Man kann auch vom Michaelstor dorthin gelangen. Auf dieser Seite steht eine Statue der hl. Bernadette (früher auf der Esplanade). Mehrere Rampen ohne Stufen führen in das Innere.

Die Kirche St. Pius X.

Sie wurde nach dem Wunsch des Heiligen Vaters von den Pilgern aller Nationen als neue Kirche errichtet und ist die größte unterirdische Kirche der Welt. Etwa 25 000 Gläubige finden in ihr Platz.

Der Ellipsenform dieser Kirche liegt eine symbolische Bedeutung zugrunde: sie soll die Mandorla oder den Glorienschein darstellen, der Christus, den Herrn der Welt, in der Majestät des romanischen Tympanon umgibt. Sie soll auch das Schiff im Sturm versinnbilden oder das Weizenkorn mit seinem Keim – das ist der Altar, auf den alles gerichtet ist. Die Kirche ist 191 m lang, durchschnittlich 61 m breit (die größte Weite 80 m) und 6 m unter der Erde. Das Gewölbe aus Stahlbeton wird von 58 Säulen getragen, die zugleich einen 500 m langen Rundgang für Prozessionen bilden. Die

Kirche hat keinen Wandschmuck, auch keine Statuen werden in ihr aufgestellt. Im Schnittpunkt der beiden Achsen steht der Altar, der dadurch von jedem Standpunkt aus sichtbar ist. Auf der Seite bemerkt man den Sakramentsaltar, dessen Tabernakel die Blicke auf sich zieht. Die Kirche wurde am 25. 3. 1958 vom damaligen Kardinal Roncalli, dem späteren Papst Johannes XXIII., eingeweiht. Mit Recht erhielt der Erbauer, Pierre Vago, 1959 den „Preis der Architektur".

Zur Grotte

Der Weg zum Grottengelände führt zwischen Asyl und nördlicher Rampe hindurch. Rechts fließt der Gave vorbei, über den eine Brücke auf das gegenüberliegende Gelände führt. Dort eine Rednerbühne und ein Freialtar. Wir gehen im früheren aufgefüllten Flußbett: der Gave wurde nämlich auf eine Länge von 350 m nördlich verlegt (1875/77). Eine leicht geschwungene Steinbrüstung mit Steinbänken dient als Ruheplatz für die Pilger; die mächtigen Leuchter spenden bei Dunkelheit Licht auf 500 m.
Gegenüber am Abhang sind immer viele Pilger zu sehen, die an einer Steinmauer stehen und aus Druckhähnen Wasser in Kanister und Gefäße füllen oder aus kleinen Bechern trinken. Ein Reservoir von 50 000 Litern sorgt für dauernden Wasserfluß.

Die wunderbare Quelle

Sie wurde am 25. 2. 1858 von Bernadette entdeckt. Heute ist sie gefaßt und kanalisiert. Mehrere Reservoirs wurden im Laufe der Jahre angelegt, darunter das größte von 450 000 Litern unter dem nördlichen Seitenschiff der Rosenkranzkirche. Der Wasserzufluß aus der Grotte wechselt nach der Jahreszeit von 17 000 bis 72 000 Liter am Tag. Im Winter, wenn keine Wallfahrten stattfinden, kann so die ungeheure Reserve von 12 Millionen Litern erreicht werden. Dieses Wasser hat keine chemische Verwandtschaft mit den Mineralquellen von Cauterets, Saint-Sauveur, Barèges, Vichy usw.

Der Bürgermeister von Lourdes, Lacadé, ließ das Wasser analysieren in der Hoffnung, aus Lourdes einen berühmten Badeort machen zu können. Alle ernstlichen Analysen, von denen bis 1938 sieben gemacht wurden, ergaben ganz gewöhnliches Trinkwasser. Nicht radioaktiv.

Die Grotte Massabielle. Zur Zeit der Erscheinungen erhob sich der Felsen 27 m über den Gave. Die Ausmaße der Grotte sind:

Höhe vom Boden bis zum Fuß der Muttergottesstatue	4,40 m
Höhe vom Fuß der Statue bis zum oberen Teil der Nische	2,50 m
Höhe der Statue	1,80 m
Breite der Nische	1,40 m
Breite der Grotte beim Gitter	9,80 m
Tiefe der Grotte	8,60 m

Die Behauptung, der Stein hinter der Statue sei ein alter heidnischer Opferstein, läßt sich nicht aufrechterhalten; wohl ein Überbleibsel aus der Moränenzeit. Der von der Stadt 800 m entfernte Ort war im Jahre 1858 fast unbekannt. Seit hundert Jahren von etwa 40 Millionen Menschen besucht aus allen Ländern, allen Gesellschaftskreisen. Gründe hierfür sind die kanonische Untersuchung und Echtheitserklärung der Erscheinungen unter Bischof Laurence am 18. Januar 1862 nach vierjähriger Arbeit der kirchlichen Kommission, das heroische Leben der Seherin Bernadette Soubirous, 1933 von Pius XI. (1922-1939) heiliggesprochen, die persönliche Überzeugung aller Päpste seit Pius IX. (1846-1878), die vielen Wunder.

Die ersten Arbeiten beginnen schon drei Tage nach dem Aufbrechen der Quelle. Die begeisterten Bewohner von Lourdes räumen das Gelände und fassen die Quelle in ein kleines Bassin. Man stellt eine winzige Holzstatue der Muttergottes hinein, brennt ihr zu Ehren Kerzen und schmückt die Grotte mit künstlichen Blumen und Bildern, errichtet bald darauf ein primitives Badehäuschen. Im Jahre 1862 läßt der Bischof ein schützendes Gitter anbringen gegen die frommen Reliquienräuber von Steinen, Wurzeln, Pflanzen und Sträuchern. Den Vorplatz bedeckt seit 1866 ein Pflaster aus Marmorplatten. Das umliegende Gelände wird erworben, um statt des alten Waldweges, den Bernadette noch gegangen, einen bequemen Zugang für die Wallfahrer zu schaffen.

Der kirchliche Kult an der Grotte

Professor Fabish aus Lyon schuf 1864 die *Lourdesstatue*, 1,80 m hoch. Bernadette, der man eine Fotografie davon zeigte, war enttäuscht. Der Nimbus trägt aus versilberten Emaillebuchstaben die Worte „Je suis l'Immaculée Conception"; auf dem schwarzen Piedestalstein stehen dieselben Worte auf bigorrisch, dem Dialekt Bernadettes: „Qué soy éra Immaculada Councepciou" (Ich bin die Unbefleckte Empfängnis). Der wilde Rosenstrauch, den der Wallfahrer vor sich sieht, ist nicht der ursprüngliche, der bald von den begeisterten Pilgern mit der Wurzel davongetragen wurde.

Der Altar ist bereits der vierte seit 1866. Er dient heute der Konzelebration, worauf auch die Sitze rechts und links des Felsens hinweisen. Früher war der Altar nur höheren kirchlichen Würdenträgern reserviert, seit einem guten Jahrzehnt können, nach Möglichkeit, auch einfache Priester dort zelebrieren (nach Anmeldung). Von Juni bis Mitte Oktober sind an einem Morgen an

die zehn heiligen Messen. Der Laie hat dort jederzeit Gelegenheit zur heiligen Kommunion. Außerhalb der Gottesdienste kann man in der Grotte vor dem Altar vorbeigehen, um den Felsen zu küssen oder an ihm religiöse Gegenstände berühren.
Rechts die kleine Kanzel aus graublauem Marmor. Statt des früheren Schalldeckels ein Mikrophon. Gleich daneben der Eingang zur Sakristei.
Bei mehreren gleichzeitigen Wallfahrten lassen die Leiter nur die ihnen zugehörigen Wallfahrer durch die Grotte. Um Ärger zu vermeiden, ist es ratsam, sich nicht vorzudrängen. Will man eine Kerze opfern, so wird jeder Wallfahrtsführer sie gerne in den innerhalb des Gitters befindlichen Korb legen. Die Haken rechts und links der Kanzel im Felsen dienen der Befestigung der Blumenspenden.

Die Kerzen der Grotte. Sie brennen dort Tag und Nacht in allen Größen. Auch Bernadette trug seit der vierten Erscheinung immer eine Kerze. Eine Votivlampe seit 1894, unter dem Rosenstrauch. Eine kleine Lampe brennt immer, sie brannte sogar während der Kriegszeit trotz der Verdunkelung.
Man kann auch an Ort und Stelle Kerzen kaufen und sie selber aufstecken.

Links am Felsen Ex-Votos: Stöcke, Krücken, Korsetts, orthopädische Apparate. Zeichen von Heilungen. Andere Votivgeschenke (Marmor, Bilder, Fotos) werden nicht geduldet.
Man betritt die Grotte von rechts und verläßt sie links. Ein Kreuz und silberner Olivenzweig von Papst Pius XI., ein Symbol des bedrohten Friedens. Eine Kiste für die „Lettres d'âmes" (Seelenbriefe) solcher, die nicht persönlich nach Lourdes kommen können. Am Gewölbe der Decke große Risse. Durch den über dem Altar befindlichen Riß zeigte die schöne Dame Ber-

nadette die Stelle, wo sie graben sollte, um die Quelle zu finden. Durch denselben Riß stiegen die Polizisten ein, um zur natürlichen Erklärung der Erscheinungen nach Mechanismen oder Leuten zu suchen.

Der Vorplatz der Grotte. 10 000 Menschen können zur Grotte blicken, 30 000 den Prediger sehen. An die 50 Sitzbänke. Zwei Mosaiks bei der Sakristei kennzeichnen den ehemaligen Lauf des Kanals und den Ort, wo Bernadette am 11. Februar 1858 kniete. Gegenüber der Grotte eine Art Amphitheater mit acht Stufen und 50 m Länge. Für 1200 Personen. Großes Kreuz aus Pyrenäenstein. Es ist ungefähr der Ort, wo Bernadette am 16. Juli 1858 gegen Abend 6 Uhr bei der letzten Erscheinung kniete.

Die Allee, 320 m lang, den Gave entlang mit Ruhebänken versehen, ist eine Verlängerung des Grottenvorplatzes. Denkmal der hl. Margareta, mit Sockel 5 m hoch. Inschrift: „Hl. Margareta, Königin und Patronin Schottlands, bitte für uns!" Ein Altar mit bretonischem Kreuz (1880) betont die Zugehörigkeit der Allee zum heiligen Gelände. Das Wasser der dortigen Quelle kann unbedenklich getrunken werden.

Die Piscines (Badehallen). In dem ersten Wasserbecken wurde der kleine sterbende Justin Bouhohorts (1858) geheilt. Nach den vielen wunderbaren Heilungen zwischen 1858 und 1862 baute man die Hallen, die 1958 rechts von der Grotte in neuer Form aus graublauem Marmor errichtet wurden. Darauf stehen die Worte, die von der „schönen Dame" am 25. Februar 1858 an Bernadette gerichtet waren: „Trinken Sie aus der Quelle und waschen Sie sich darin." Es sind 14 Badekammern, je sieben für Männer und Frauen. Das Wasser kommt aus einem Reservoir von 94 702 Litern. Obwohl es nur zweimal täglich erneuert wird, ist noch nie jemand daran erkrankt.

Die Badezelle ist ein einfacher Raum, in der Mitte ein Wasserbecken; auf beiden Seiten ein vertiefter Standpunkt für die Wärterinnen bzw. Wärter. Nach dem Ausziehen wickelt man ein blaues Tuch um den Leib, stellt sich ins Wasser und betet die Anrufungen von der Tafel. Auch Gesunde können von dem Bad Gebrauch machen. Seit 1973 sind „Gebete bei den Bädern" erschienen (ad experimentum), um auch außerhalb der Badekammern eine Atmosphäre des Gebetes und der Sammlung zu schaffen. Ein Kommentator gibt eine Einleitung, dann folgen eine oder zwei Lesungen aus dem Alten oder Neuen Testament, die sich auf die reinigende Kraft des Wassers oder die Heilungen Jesu beziehen. Nach dem Gebet in der Wanne wird der Besucher bis zum Hals untergetaucht und küßt zum Schluß die kleine Madonnenstatue vor sich an der Wand. Das Bad dauert eine kurze Minute. Das Wasser hat 13—14° Wärme. Zwei Drittel aller Heilungen in Lourdes finden in den Piscines statt (keine Trinkgelder, aber ein Opfer für ärmere Kranke!).

Die Badestunden sind von 9–11 Uhr und von 14–16 Uhr, ausgenommen sonntags morgens. Jährlich baden über 300 000 dort, Gesunde und Kranke. Zum Serpentinenweg gelangt man hinter den Bädern oder über eine Treppe von 34 Stufen. Er führt zur Krypta und Basilika (310 m). In der Nadelkurve das Denkmal eines Pilgers, Stiftung einer italienischen Dame, die in Lourdes katholisch wurde. Die Worte lauten: „Den Glauben zu finden, ist mehr, als das Augenlicht wiederzuerlangen."

Krypta und Basilika

Man kommt über die hufeisenförmigen Rampen zur Krypta. Am 27. Februar und am 2. März 1858 hatte die schöne Dame den Bau einer Kapelle gefordert. Bischof Laurence beauftragte den Architekten Hippolyte-Louis

Durand (1801-1882) mit dem Plan: reiner gotischer Stil des 13. Jahrhunderts. Am 14. Oktober 1862 wurde mit dem Ebnen des Massabielle-Rückens und der Errichtung einer 20 m hohen, 2 m dicken Stützmauer mit 7 mächtigen Streben auf der Nordseite begonnen. Am 19. Mai 1866 wurde die Krypta eingeweiht.

Die Basilika wurde am 1. Dezember von Kardinal Guibert von Paris in Gegenwart von 15 Erzbischöfen, 20 Bischöfen, 3000 Priestern und 100 000 Pilgern konsekriert.

Das Äußere der Krypta und Basilika. 20 m über dem Gave, 51 m lang, 21 m breit, 19 m hoch. Flüchtig betrachtet erscheinen Krypta und Basilika eins zu sein. Eine Treppe (1909) führt von beiden Seiten zur Basilika. Darunter der Eingang zur Krypta. Die Balustrade trägt das Bild Pius' X. (1903-1914), Mosaik. Darüber das Portal der Basilika, mit Mosaik Pius' IX. (1876). Im Turm eine Rosette, 4 m im Durchmesser. Der große Uhrzeiger, 1,8 m lang, darüber der Glockenstuhl und die achteckige Turmspitze. Die Gesamthöhe über dem Gave: 93,4 m. Die Kirche verdient das Lob des Archäologen Villet-le-Duc: „Ein wahre Perle des gotischen Stiles des 13. Jahrhunderts." In weniger denn sieben Jahren erbaut.

Das Innere der Krypta. Der mittlere Gang, 25 m lang und 2,7 m breit, wurde erst 1904 in den Felsen gebohrt. Der Felsen ist so hart, daß 25 Arbeiter 3 Monate lang Tag und Nacht daran gearbeitet haben.

Beim Eingang rechts die Statue des hl. Petrus (1878), Nachbildung der Petrus-Statue in Rom, St. Peter. Gegenüber eine 3 m hohe Bronzegruppe, welche die Zulassung der Kinder zur Frühkommunion darstellt. Rechts davon der hl. Vinzenz von Paul, der große Apostel Frankreichs im 17. Jahrhundert. Links der hl. Johannes-Baptist de la Salle, Gründer der französischen Gratis-Volksschulen im 17. Jahrhundert (1935), Im Hauptgang, durch sechs Säulenbogen abgeteilt, finden sich an den Wänden viele Votivgeschenke. Die eigentliche Krypta ist eine kleine Kapelle, die buchstäblich aus dem Massabiellefelsen herausgemeißelt wurde, 14,2 m lang, 10 m breit. 28 kleine Doppelsäulen und 14 Einzelsäulen, 1908 vollendet. Die Wände bis zur Decke mit Votivtafeln aus Rosamarmor von Campan (Hochpyrenäen) bedeckt.

Die Kapellen sind einander gleich, die Altäre aus Angoulêmestein, die Statuen aus Marmor und der Raum um den Altar mit Mosaiken geschmückt.

Die Kapelle

1 des Allerheiligsten und der Muttergottes
2 des Herzens Jesu
3 des hl. Petrus
4 des hl. Joseph
5 des hl. Johannes des Evangelisten.

Letztere liegt genau über der Grotte, 12 m über der Erscheinungsstatue. Sakristei rechts des Altares. Am Ende des nördlichen Seitenganges eine kleine Kapelle des hl. Michael, auf der Südseite des hl. Gabriel. Die Kapellen sind nur in Ruhe zu besichtigen, wenn kein Beichtandrang herrscht.

Das Innere der Basilika. Die Eingangstür oberhalb der Krypta. Im Relief Christus mit den Buchstaben des griechischen Alphabetes: Alpha und Omega und den Symbolen der vier Evangelisten: der Stier (Lukas), der Engel (Matthäus), der Adler (Johannes), der Löwe (Markus). Darüber die Inschrift: „Die Stadt Tarbes Unserer Lieben Frau von Lourdes als Zeugnis des Glaubens, des Vertrauens und der Liebe. Pilgerfahrt 6. 4. 1874." Zwischen den beiden Türen eine Muttergottesstatue aus weißem Marmor von Abbé Baisacier aus Tours. Schöne Mosaiks an der Decke mit A M (Ave Maria).

Das Schiff der Kirche ist 27 m lang, mit der Apside 51 m, 10 m breit, mit den Seitenkapellen 21 m, 19 m hoch. Auffallend die verschiedensten Banner, Fahnen, Standarten aller Länder. Der erste deutsche Pilgerzug, 1875, brachte eine sehr schöne Fahne mit. Sie stellt die Muttergottes dar, zu ihrer Rechten kniend der hl. Bonifatius, links die hl. Elisabeth von Thüringen. Die lateinische Inschrift: „Ich bin die Mutter der schönen Liebe, der Gottesfurcht, der Erkenntnis und der reinen Hoffnung." Eine deutsche Inschrift: „Die Katholiken Deutschlands bitten, o Unbefleckte Jungfrau, um Deinen mütterlichen Schutz für Kirche und Vaterland" und darunter: „Regina pacis, ora pro nobis – Königin des Friedens, bitte für uns!" Ganze Bündel zylindrischer Säulen mit attischer Basis teilen das Schiff in fünf gleiche Joche. Die säulengetragene Galerie mit 76 Schwibbögen. Darüber 19 hohe Fenster mit Glasmalereien. Die Seitenkapellen mit Marmorbekleidung, die Altäre aus weißem Charenter-Stein.

Chor der Basilika. Ein vergoldetes Gitter, Werk des Lourder Meisters Larcade, vor dem Hochaltar. Stufen aus Karrara-Marmor. Der Altarsockel mit Reliefs geschmückt: Verkündigung, Heimsuchung, Aufnahme in den Himmel, Krönung Mariens, Erscheinung in Lourdes. Links Geburt Mariens, rechts Geburt Christi. Über dem Altar die Statue der Unbefleckten Empfängnis, zarter Marmor wie Alabaster, von Cabuchet aus Paris (1876). Palme und Rose aus Gold, Geschenk Pius' IX. (1876–1877). Kanontafeln von Leo XIII. (1887). Rechts schöne Lampen, ein Geschenk der Diözesen Viviers und Valence (1893). Auf der rechten Seite eine Lampe, Geschenk Irlands (1876). Links vom Altar eine bemerkenswerte Lampe aus massivem Silber, geopfert von den Einwohnern Makaos in China zum Dank für die Rettung vor einem Taifun, der die ganze Provinz verwüstet hatte (22. September 1874.) Neun Lüster in der Apside, zwei aus venezianischem Glas im Schiff.

Die Seitenkapellen. Jede Kapelle hat ihren Namen; ihre Altäre wurden am 2. Juli 1876 konsekriert; auf dem Altar der Titularheilige. Die Entwürfe zu den Glasmalereien stammen von dem Pariser Kanoniker Lambert. Jedes Fenster besteht aus Medaillons. Am besten beginnen wir auf der rechten Seite.

1. Hl. Germana von Pibrac († 1601)

Die Statue auf dem Altar stellt die Heilige dar. wie sie eben Brot an die Armen verteilt und sich dieses, wie bei unserer heiligen Elisabeth von Thüringen, in ihrer Schürze in Rosen verwandelt. Im oberen Medaillon macht die hl. Germana mit dem Rosenkranz das Kreuzzeichen, umgeben von ihren Schafen. Darunter das Symbol des „Turmes Davids". Im unteren Medaillon erscheint die heilige Jungfrau der Bernadette Soubirous zum erstenmal und macht ihr das Kreuzzeichen vor. Unterhalb des Fensters vier Plaketten mit den Daten und Worten der 18 Erscheinungen.

2. Hl. Franz von Assisi († 1226)

Die Statue des Heiligen auf dem Altar predigt Buße. Im Fenster das Wappen des Franziskanerordens: Gekreuzte Arme, deren Hände die Wundmale tragen; der hl. Franz empfängt auf dem Berge Alverno die Wundmale des Herrn; im unteren Medaillon die zweite Erscheinung der schönen Dame und der Versuch Bernadettes, die Dame über dem Rosenstrauch mittels Weihwasser zu identifizieren.

3. Hl. Petrus

Die Statue des ersten Papstes aus Angoulême-Marmor. Im Fenster: oben wird Petrus von Engeln aus dem Gefängnis geführt; das Papstwappen mit P. M. (Pontifex Maximus – oberster Bischof). Unten: die dritte Erscheinung des 18. Februar 1858; Bernadette mit Tinte und Federhalter. Unter den Votivtafeln eine mit lateinischer und chinesischer Aufschrift: Mgr. Riedel und zwei Koreaner Missionare werden aus einem Schiffbruch gerettet.

4. Hl. Johannes der Täufer

Die Statue zeigt den Täufer mit einer Kamelhaut bekleidet. Im Fenster oberes Medaillon mit Johannes Baptista, der am Jordan Buße predigt. Die Unterschrift „Die Axt ist an die Baumwurzel gelegt; jeder Baum, der keine guten Früchte trägt, wird umgehauen und in das Feuer geworfen." Im unteren Medaillon die Darstellung der sechsten Erscheinung mit dem dreimaligen „Buße". Die Votivtafel zeigt einen Eisenbahnzusammenstoß des Pilgerzuges von Niort mit einem Expreß am 2. Juli 1876 bei Ygos, bei dem niemand verletzt wurde.

5. Hl. Joseph

Statue des Heiligen auf dem Altar (von Millet). Im Fenster: oben empfängt Moses von Gott den Plan des zukünftigen Tempels; Arche des Bundes; im unteren Medaillon die zehnte Erscheinung, am 27. Februar, mit dem Auftrag an die Priester, eine Kapelle zu bauen.

Die fünf Kapellen der *Apside* sind gewidmet:

1. Unsere Lieben Frau vom Siege

Auf dem Altar eine weiße Steinstatue der Madonna. Im ersten Fenster: Moses schlägt aus dem Felsen Horeb

Wasser; der Teich von Bethsaida; die neunte Erscheinung am 25. Februar 1858: „Gehen Sie an die Quelle und waschen Sie sich darin!" Im zweiten Fenster: Teich Siloe bei Jerusalem; die Heilung des Kindes Bouhohorts am 28. Februar 1858 (Bouhohorts starb im Alter von 79 Jahren in Pau am 5. Oktober 1937).

2. Unserer Lieben Frau vom Karmel

Das erste Fenster: Der Herr erscheint Moses auf dem Berge Horeb im brennenden Dornbusch; am 25. März spricht die schöne Dame: „Qué soy éra Immaculada Councepciou, ich bin die Unbefleckte Empfängnis." Das zweite Fenster: der Prophet Elias wird von feurigen Rossen in den Himmel getragen; Kerzenwunder am 7. April 1858 in Lourdes. Drittes Fenster: Flucht der Heiligen Familie nach Ägypten; 18. und letzte Erscheinung in Lourdes am 16. Juli 1858.

3. Dem heiligsten Herzen Jesu

Die Statue von Cabuchet. Das erste Fenster: die Erscheinung Jesu im Kloster Paray-le-Monial; Bernadette vor der bischöflichen Kommission (Bischof Laurence, die Generalvikare Fourcade und Laurence, Erzpriester Nogaro, Kanonikus Baradère, Abbé Peyramale, Dr. Vergez). Zweites Fenster: Christus spricht zu den Aposteln: „Gehet hin in alle Welt und lehret die Völker"; Bischof Laurence verkündet am 12. Januar 1862 die Echtheit der Erscheinungen von Lourdes. Drittes Fenster: Die hl. Margareta Alacoque; Bischof Laurence weiht am 4. April 1864 die von Fabish geschaffene und von den Damen de Lacour geschenkte Statue der Muttergottes von Lourdes.

4. Unserer Lieben Frau vom Rosenkranz

An diesem Altar kam dem Abbé Chocarne bei der heiligen Messe der Gedanke einer nationalen Bitt- und

Bußwallfahrt, die am 6. Oktober 1872 mit 50000 Pilgern und 252 Bannern durchgeführt wurde. Erstes Fenster: Verkündigung; Konsekration des Hauptaltars durch Bischof Laurence. Zweites Fenster: Jesus trägt das Kreuz; Bernadette erhält den Habit der Nonnen von St. Gildard in Nevers (1866 und heißt jetzt Marie-Bernard). Drittes Fenster: Auferstehung Christi; François Macary, Schreiner und bekannter Freidenker, wird nach Anwendung von Lourdeswasser plötzlich von seinen Krampfadern geheilt. Er bekehrt sich am 19. Juli 1871.

5. Unserer Lieben Frau von La Salette

Die Jungfrau erscheint den beiden Hirtenkindern Maximin und Mélanie. Erstes Fenster: Bischof Philibert de Bruillard von Grenoble erklärt die Erscheinungen von La Salette am 11. September 1846 für echt; Mgr. Pichenot, der Nachfolger von Laurence, weiht die kaum vollendete Basilika am 14. August 1871. Zweites Fenster: die weinende Gottesmutter erscheint den Kindern von Salette; Heilung des Pierre Hanquet aus Lüttich von einer unheilbaren Rückenmarkerkrankung (27. November 1869).

Wir kommen zu den *Seitenkapellen* auf der Nordseite (gegen den Gave zu):

1. Hl. Mutter Anna

Statue aus karrarischem Marmor (1879). Das Fenster: St. Anna lehrt Maria die Heilige Schrift; bei der Bannerprozession am 6. Oktober 1872 geht Erzbischof de Langalerie auf die mit Trauerflor verhängten Fahnen Elsaß-Lothringens zu und küßt sie. Ein Tränenstrom der Zuschauer über diese patriotische Geste.

2. Hl. Joachim, Vater Mariens

Im Fenster: Geburt Mariä; Mgr. Bourret, Bischof von Rodez, übergibt Mgr. Langénieux, damaligem Bischof von Tarbes, zwei kleine Lämmer als Zeichen der Liebe und Treue gegen Unsere Liebe Frau von Lourdes.

3. Hl. Johann der Evangelist

Die Statue aus Angoulêmestein. Das Fenster: Nach alter Legende starb die Muttergottes beim hl. Johannes in Ephesus. Die dort versammelten Apostel finden das Grab mit Blumen, Lilien und Rosen angefüllt; Mgr. Langénieux auf den Knien vor Pius IX.; am 13. März 1874 erhält er das Breve der Erhebung der Kirche zur Basilika minor. Unter dem Bilde steht die Inschrift: „Caroline Essertau, von einer chronischen Erkrankung des Rückenmarkes befallen und von einer immer stärkeren Lähmung der unteren Gliedmaßen erfaßt, bei den Unheilbaren von Niort seit dem 11. Februar 1870, in Lourdes plötzlich geheilt am 2. Juli 1873."

4. Hl. Franz Xaver,

der Apostel der Inder und Japaner im 16. Jahrhundert. Das Fenster: St. Franz landet im Heidenland und errichtet einen Altar. Konsekrierung der Basilika durch den Erzbischof und Kardinal Guibert von Paris am 2. Juli 1876.

5. Hl. Bertrand von Comminges († 1126),

Bischof des ehemaligen Erzbistums St.-Bertrand-de Comminges, das an Tarbes anstieß. Er ist der Namenspatron des Bischofs Bertrand-Sévère Laurence. Das Fenster: Die Beerdigung des hl. Bertrand zu Füßen einer Muttergottesstatue; Krönung der Statue Unserer Lieben Frau von Lourdes am 3. Juli 1876 im Namen Pius' IX. durch Mgr. Meglia, Päpstlicher Nuntius von Frankreich.

Wir wenden unseren Blick zu den *hohen Fenstern* der Basilika. Sie wurden 1878 fertiggestellt, sind 5 m hoch und 1,10 m breit. Prächtige Farben in Gold, Rot, Blau und Grün. Stellen die bedeutendsten Szenen der modernen Kirchengeschichte dar, soweit sie auf das Geheimnis der Unbefleckten Empfängnis Bezug haben. Entworfen von Kanonikus Lambert von Paris. Im ganzen 19 Fenster. Wir beginnen links nach dem Eingangsportal. Jedes Fenster umfaßt drei Bilder: ein großes, umgeben von zwei kleineren mit symbolischen oder historischen Erläuterungen zum Hauptthema.

1. Vertreibung Adams und Evas
aus dem Paradiese; der Heilige Geist in Gestalt einer Taube über dem Paradiesgarten; der Lebensbaum auf Golgotha.

2. Die Arche Noahs,
der Regenbogen; die Taube aus der Arche; Noah segnet seine Söhne Sem und Japhet.

3. Opfer Abrahams und Isaaks;
die Jakobsleiter; die Himmelspforte.

4. Die Richter Moses und Gedeon;
der Leuchter Gottes; das trockene Vlies Gedeons.

5. Die Könige David und Salomon;
der Thron Davids; Salomon beugt sich vor Maria.

6. und 7. Doppelfenster,
gekrönt von einer Rosette; Judith, die jüdische Heldin, trägt das Haupt des Holofernes dem Volke entgegen; die erblühte Lilie und der elfenbeinerne Turm; Barac (Buch der Richter) vor dem Zelte des Heiden Siara, um ihn zu töten; Daniel und seine Kameraden im Feuerofen; in der Rosette Salomon und seine Mutter Bethsabee.

8. Die Krönung Esthers
durch König Assuerus: Abbild der Schönheit; Unsere Liebe Frau von Lourdes mit zwölf Sternen auf dem Haupte; die Wappen des Stifters Gaston de Béarn.

9. Begegnung Joachims und Annas;
wiederum das Wappen des Prinzen von Béarn.

10. Verklärung der Unbefleckten Empfängnis
mit Bernadette bei der Grotte Massabielle; Wappen des Schenkers Gaston de Béarn. Die folgende Bildserie beginnt wieder beim Eingang der Basilika auf der rechten Seite.

11. Das Geheimnis der Verkündigung
durch den Erzengel Gabriel; der Heilige Geist in Gestalt einer Taube läßt eine Frucht auf eine Lilienblüte fallen; Geburt Mariens; Wappen der Stifterin: Gräfin Galard mit den Worten: „Zum Zeichen der Dankbarkeit für meine Heilung".

12. Der hl. Johannes
in seiner Verbannung auf Patmos, vor ihm ein Drache, sieht das Weib mit der Sonne bekleidet, den Mond zu ihren Füßen und den Sternenkranz um ihr Haupt; Jesus auf dem himmlischen Thron.

13. Zwei lateinische Kirchenväter
(hl. Augustin und hl. Ambrosius) und zwei griechische (hl. Chrysostomus und hl. Epiphanius) als Zeugen für das Dogma der Unbefleckten Empfängnis; die Bischöfe beim Konzil von Nizäa (325), die lateinischen mit der Mitra, die griechischen stehen bereits und wollen gehen (Schisma im Orient).

14. Päpste,
die sich lange vor der Dogmaerklärung für die Unbefleckte Empfängnis ausgesprochen haben: Sixtus IV. (1471–1484), Pius V. (1566–1572), Maria, die Königin,

ohne Erbsünde empfangen; Maria nimmt die Huldigung der militärischen und religiösen Orden entgegen.

15. Sitzung des Konzils von Trient
(1545–1563) über das Dogma der Unbefleckten Empfängnis; Zeugnis der Universitäten von Paris und Salamanca: „Ich glaube an die Unbefleckte Empfängnis der allerseligsten Jungfrau Maria"; Gläubige lassen sich von einem Prälaten in die Bruderschaft der Unbefleckten Empfängnis einschreiben.

16. und 17. Ludwig XIII.
(1601–1643) weiht Frankreich der Muttergottes. Hinter ihm Kardinal Richelieu; im aufgeschlagenen Buch der Dank Frankreichs an die Muttergottes für erhaltene Gnaden; die Taufe Chlodwigs durch den hl. Remigius in Reims (496); in der Rosette krönt Christus seine Mutter; Geschenk der Stadt Abbéville, in deren Minoritenkirche Ludwig XIII. am 15. August 1637 sein Gelübde ablegte.

18. Heilung des Frl. Lambert,
Schwester des bereits erwähnten Kanonikus, auf dessen Inspiration die Glasmalereien ausgeführt wurden. Unter den umstehenden Personen Schwester Vincent, leibliche Schwester des Prinzen von Viana.

19. Die vatikanische Basilika
am 8. Dezember 1854, am Tage der Proklamation des Dogmas von der Unbefleckten Empfängnis der allerseligsten Jungfrau Maria durch Pius IX. Die große Rosette im Turm ist nicht ganz zu sehen: Maria umgeben von 12 symbolischen Emblemen aus der Lauretanischen Litanei.

Die *Kanzel* ist ebenfalls ein Meisterwerk. Im Jahre 1873 wurde sie von Marseillaiser Künstlern in kanadischem

Eichenholz ausgeführt. Der Hauptmeister war ein Priester, Abbé Josef Pouguet.

Christus, Petrus, Paulus und der hl. Lazarus, Apostel von Marseille; kunstvoller Schalldeckel mit den vier Evangelisten. Gegenüber der Kanzel auf der Nordseite, am vierten Pfeiler, ein elfenbeinerner *Christus*, 70 cm hoch.

Nebst einer kleineren Orgel hinter dem Hochalter, die *große Orgel* über dem Eingangsportal der Kirche. Auf der Orgelempore kann man lesen: „Frankreich ist das Reich Mariens, das niemals untergehen wird. Ich werde immer singen."

Zum erstenmal gespielt am 6. September 1873 von Charles Widor, dem damals 26jährigen Organisten von St. Sulpice in Paris.

Auffallend auch die vielen *symbolischen Herzen*, die aus den Worten der Erscheinung ein langes Band bilden: „Buße! – Beten Sie für die Bekehrung der Sünder! – Gehen Sie an die Quelle und waschen Sie sich darin! – Ich bin die Unbefleckte Empfängnis! – Sagen Sie den Priestern, sie sollen hier eine Kapelle erbauen, und man komme in Prozessionen hierher! – Buße!"

Über der südlichen Sakristei sieht man die Mitra und das Brustkreuz des Bischofs Laurence, an anderen Stellen Säbel, Schulterstücke und Auszeichnungen von hohen Offizieren, interessant auch die Tschako-Federbüsche der Offiziersschüler von St. Cyr; andere Votivtafeln der Dankbarkeit und auch Modelle der französischen Kreuzer, welche von den Matrosen aus Toulon als Erinnerung an ihre versenkten Schiffe im Jahre 1943 und 1944 geopfert wurden. Dazu die Armbinden der Erstkommunikanten und die Kränze der Neuvermählten.

Wer Gelegenheit hat, möge es nicht versäumen, die Basilika auch bei ihrer *Innenbeleuchtung* zu sehen.

Die ersten *Glocken*, gegossen von Hildebrand, Paris, wurden im 70er Krieg eingeschmolzen. Geschenk des Prinzen von Béarn und Viana und seiner Gemahlin Charlotte de Pigord. Derselbe Meister und dieselben Wohltäter lieferten auch die zweite Serie. Die größte wiegt 2000 kg und heißt Jeanne-Alphonsine, die zweite wiegt 1800 kg mit dem Namen Geneviève-Félicie, die dritte wiegt 1100 kg, genannt Hermine-Benoîte, die vierte wiegt 800 kg, genannt Cécile-Gastine. Sie wurden am 16. August 1874 getauft. Interessant für uns Deutsche, daß sie die Namen ihrer Taufpaten tragen, während bei uns im allgemeinen die Bistums- oder sonstige Lokalheilige bevorzugt werden.

Die *Uhr der Basilika* wurde ebenfalls 1874 eingerichtet. Zwei der Zifferblätter sind aus emailliertem Kupfer; das auf der Grottenseite hat 2,25 m im Durchmesser, das gegen Süden 1,89 m. Ein sinnvoller Mechanismus läßt bei den Viertelstunden das „O Benigna! O Benigna! O Regina! O Benigna! O Regina! O Maria!" erklingen, während vor dem Stundenschlag diese drei Anrufungen kommen und das letzte „O Maria" zweimal geschlagen wird. Im März 1883 vervollkommneten die Gebrüder Lussault ihr Uhrwerk, und durch Anbringung von zwei weiteren Glocken kann man jetzt das den Wallfahrern so vertraute „Ave, Ave, Ave Maria!" stündlich hören.

Der Vorplatz der Basilika

Im Jahre 1909 wurde ein großer Vorplatz künstlich geschaffen: 1000 m im Quadrat, genügend für mehrere Tausend Menschen. Von dort aus eine schöne Aussicht auf das Tal des Gave. Gegen Westen der Konvent der Unbefleckten Empfängnis, jenseits des Flusses die Dominikanerinnen, gegenüber der Grotte das Kloster der Aufnahme Mariens in den Himmel und im Hinter-

grunde das der Heimsuchung. Etwas näher der Karmel und das Mädchenwaisenheim.
Zum fünfzigjährigen Jubiläum der Erscheinungen (1908) wurden die beiden achteckigen *Türmchen* errichtet.

Die Rosenkranzkirche oder die Rosaire

Man sah sehr bald, daß die Basilika auf dem Massabiellefelsen dem Riesenzudrang von Wallfahrern nicht gewachsen war. So faßte der Bischof von Tarbes, Mgr. Langénieux, den Plan einer großen Kirche und ließ das Projekt im Jahre 1875 von Pius IX. billigen. Der Architekt war Léopold Hardy († 1894). Die Kirche sollte in romano-byzantinischem Stil gebaut werden, ein großes griechisches Kreuz von 2000 qm, das sozusagen der Fußschemel der oberen Basilika wäre. Riesige, elliptische Arkaden sollten sowohl zur Oberkirche führen, wie auch den weiten Vorplatz einsäumen, der mindestens 80000 Menschen fassen könnte. In sechsjähriger Arbeit war das große Werk vollendet. Wenn man bedenkt, daß zu den Vorarbeiten an die 11000 cbm Felsen gesprengt werden mußten, daß auf der anderen Seite ungeheure Betonmassen notwendig waren, um die riesigen Fundamente zu schaffen, so ist diese Leistung staunenswert.
Die Benediktion der Kirche fand vom 6. bis 8. August 1889 statt, zwölf Jahre später die Konsekration, am 6. Oktober 1901. 1926 erhielt sie den Rang einer Basilika minor.

Das Äußere der Rosaire

Die große Kuppel hat die Form einer gewaltigen Tiara, zwei Reihen von Rundfenstern (oculi = Augen) mit der Krone und einem goldenen Kreuz. Die Rosen an der zweiten Reihe der oculi erinnern an die 15 Geheimnisse des Rosenkranzes, das sechzehnte trägt das Wappen des hl. Dominikus, des Apostels der Marienverehrung (1170–1221).

Die Krone und das Kreuz sind das Geschenk der Irländer (1923). Viele kleine Lampen und 24 mächtige Scheinwerfer besorgen die nächtliche Festbeleuchtung. Die *Terrasse* hat eine Fläche von 360 qm und erhebt sich 17 m über den Vorplatz der Kirche. Auf den Seiten die Statuen des hl. Johannes des Täufers mit dem Lamm (Süden) und des hl. Johannes des Evangelisten mit seinen Schriften (Norden).

Sie sind ein Geschenk der Diözesanen von Namur in Belgien zum Dank für ihre Rettung aus einer Eisenbahnkatastrophe bei Paris im Jahre 1909. Eine Steinbank lädt zur Betrachtung der Umgebung ein: die Esplanade mit der gekrönten Jungfrau, die beiden 600 m langen Parallelalleen, die bretonische Kreuzigungsgruppe, das alte Schloß.

Die Rampen der Rosaire

Sie beginnen bei den Türmchen der Oberkirche und erstrecken sich wie zwei lang gebogene Arme hinunter auf den Vorplatz der Rosaire. Von dessen Terrasse führen auch zwei steile Treppen hinab. Die romanischen Rampen haben eine Länge von 130 m, sind 6,50 m breit und haben ein Gefälle zwischen 0,35 bis 0,12 m pro Meter. Folgen wir der *Nordrampe*, so sehen wir nach der bereits erwähnten Statue des hl. Johannes Evangelisten den hl. Hyazinth (1183–1257), der wie alle anderen Statuen eine Höhe von 2,50 m hat. In der einen Hand trägt er das Ziborium, in der anderen eine kleine Muttergottesstatue. Beide rettete er aus Kiew, als es von den Tataren belagert wurde. Dann die hl. Anna; der hl. Grignon de Montfort († 1716), großer Verehrer der Muttergottes; die unterste Statue stellt den hl.

Martin dar (im Sockelrelief), noch Soldat und Taufbewerber, wie er seinen Mantel mit einem Armen teilt. Beginnend oben auf der *Südrampe*, sehen wir, nach dem hl. Johannes dem Täufer, den hl. Bernhard (1091–1153), Gründer der berühmten Abtei Clairvaux, Prediger des 2. Kreuzzuges und bekannter Marienverehrer; den hl. Joachim, den Vater Mariens; den hl. Vinzenz von Paul (1576–1660), bekannt durch seine grenzenlose Nächstenliebe und als Stifter der Lazaristen und der Barmherzigen Schwestern. Er kam aus dem öden Land im Süden Frankreichs und zeigte schon als Kind eine innige Liebe zu Unserer Lieben Frau von Buglose, einem Wallfahrtsort der Diözese d'Aire und Dax. Der hl. Remigius, Erzbischof von Reims und Apostel der Franken (437–533), gegenüber der Statue des hl. Martin, empfängt die mit heiligem Chrisam gefüllte Ampulle, um damit den König Chlodwig zu salben.

Unter den Rampen der Rosaire

Verschiedene Büros: auf der Seite des Gave (Norden) 1. Pèlerins d'un jour (Kurzaufenthalt): Beratung auf englisch, deutsch, holländisch, italienisch, spanisch.

2. *Das Fundbüro*
Auch beim Polizeibüro der Stadt (rue Baron Duprat).
3. *Das Büro der medizinischen Feststellungen*: darüber eine Statue des hl. *Lukas*, des Patrons der Ärzte, eine Stiftung der katholischen Universität von Lille (1911). Zwei Gedenktafeln, die eine von der eben erwähnten Universität, die andere mit dem Wortlaut: „Dr. med. Vergez, Professor der medizinischen Fakultät von Montpellier, Inspektor der Mineralbäder von Barèges, als Mitglied der Kommission von Mgr. Laurence berufen, um die Heilungen von Lourdes zu prüfen." Er war der erste Arzt, der die Krankenuntersuchungen machte (1858–1883). Mit ihm zusammen hatte Dr. Dozous als Zeuge

mehrerer Wunder und einiger Erscheinungen gearbeitet. Der Nachfolger Dr. de Saint-Maclou von der Universität Löwen hatte „die Klinik des Übernatürlichen" bis 1891 geleitet. Dann Dr. Boissarie, † 1917. Seither standen 10 andere Ärzte dem Büro vor, z. Z. Docteur Alphonse Olivieri (seit 1959). Der Präsident des Büros wird vom Bischof von Tarbes und Lourdes ernannt (z. Z. Mgr. H. Donze). Es gibt eine „Internationale Medizinische Vereinigung Unserer Lieben Frau von Lourdes", der alle Ärzte angehören können, gleich welcher Religion oder Nationalität. Wird ein Schwerkranker in Lourdes geheilt, dann wird er zuerst in dieses Büro gebracht. Es werden alle vorliegenden ärztlichen Befunde und Röntgenaufnahmen geprüft, die Zeugen befragt, die Person untersucht, die Ärzte tauschen ihre Meinungen aus. Wird die Heilung wegen ihrer Plötzlichkeit als den biologischen Gesetzen widersprechend erkannt, so wird die Angelegenheit noch dem Urteil der Zeit unterworfen. Nach ein oder zwei oder mehreren Jahren wird dann festgestellt, daß die Heilung „die Kräfte der Natur übersteigt, eine Umkehrung der Naturgesetze bedeutet, wissenschaftlich nicht erklärt werden kann". Das medizinische Büro wendet also nie den Ausdruck „Wunder" an. Erst die kanonische Untersuchung der Bischöfe darf dieses Wort gebrauchen. Um einen Begriff von den medizinischen Untersuchungsmethoden zu geben, sei eine Heilung aus neuerer Zeit ausführlicher dargestellt. Der Bericht ist der „Neuen Zeitung" vom 15. 7. 1949 entnommen und von Dr. François Leuret, Lourdes, verfaßt:
Gérard Baillie aus St. Pol sur Mer in Nordfrankreich erblindete im Alter von zweieinhalb Jahren infolge einer erklärt unheilbaren Krankheit, die eine allmählich fortschreitende Zerstörung der inneren Gewebe der beiden Augen, der Gefäßhaut des Augapfels und der Netzhaut sowie der Sehnerven nach sich zog. Wenige Wochen

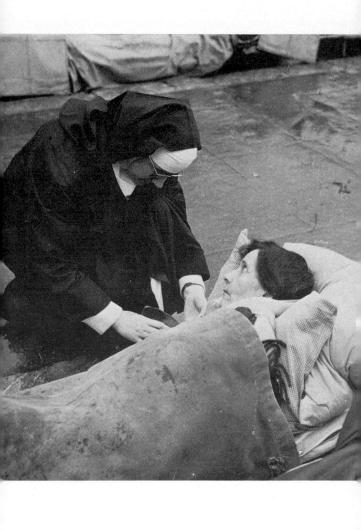

später wurde er als Flüchtling aus der Gegend von Dünkirchen in die Kinderblindenanstalt von Arras gebracht. Diagnose: „Doppelseitiger Gefäßhaut- und Netzhautschaden; Verkümmerung der Sehnerven – unheilbare Blindheit." Er blieb zwei Jahre dort, und keine der zahlreichen Untersuchungen, die man anstellte, ließ auch nur den geringsten Zweifel an seiner Blindheit aufkommen. Doch im Alter von fünf Jahren, bei einer Wallfahrt nach Lourdes, fand er plötzlich das Augenlicht wieder. Am folgenden Tage wurde er von einem namhaften Augenspezialisten untersucht, Diagnose: „Doppelseitiger Gefäß- und Netzhautschaden; Verkümmerung der Sehnerven; dieser Knabe kann unmöglich etwas sehen!" Indessen: er sah! Und als er zum Abschluß seiner Pilgerfahrt ganz selbstverständlich zu der Kinderblindenanstalt zurückkehrte, von der er aufgebrochen war, bat man ihn nach 24 Stunden, das Blindenheim zu verlassen. Von diesem Tag an besuchte er die normale Schule und lernte wie die anderen Kinder lesen, schreiben und rechnen.

Als er im Jahr 1948 nach Lourdes zurückkehrte, wurde er von neuem von einem hervorragenden englischen Augenspezialisten untersucht, der dann folgende Erklärung abgab: „Dieses Kind leidet an doppelseitiger Gefäßhaut- und Netzhautzerstörung sowie an einer Verkümmerung der Sehnerven. Es kann nichts sehen. Indessen: es sieht!"

Im Laufe der sich wiederholenden Untersuchungen während zweier Jahre war die Krankheit des kleinen Baillie nie in Zweifel gezogen worden, auch nicht, als er sehen konnte, ohne die Voraussetzungen zum Sehen zu besitzen. Doch heute ist er vollständig gesund. Er kann bis zur Stunde sehen (er hat eine Sehstärke von drei Zehnteln auf jedem Auge); und, was überhaupt unerklärlich ist, die Netzhaut und die beiden Sehnerven haben sich völlig regeneriert. Nach dem Urteil aller darum befragten Augenspezialisten hat man so etwas noch nie erlebt.

Es handelt sich also hier um zwei voneinander zu unterscheidende Tatsachen, um zwei Phänomene zugleich, die unerklärt bleiben müssen ohne eine übernatürliche Einwirkung.

1. Ein blindes Kind kann sehen, zwei Jahre lang, ohne die selbst für einen beschränkten Gebrauch des Augenlichtes nötigen Organe zu besitzen;

2. ein krankes Kind wird von einer Krankheit geheilt, von der man bisher noch niemanden gesunden sah.

Es ist nicht die Sache der Medizin, diese beiden Tatsachen zu deuten, denn es gehört nicht zum Aufgabenbereich einer objektiven Wissenschaft wie der medizinischen, theologische Erklärungen abzugeben oder gar an das Übernatürliche zu appellieren. Hier wollen wir nun kurz die Rolle des ärztlichen Kontrollbüros klar umreißen, die ihm bei der wissenschaftlichen Prüfung der „Fälle" von Lourdes zukommt.

Das Ärztliche Kontrollbüro von Lourdes ist mit allen erforderlichen technischen Ausrüstungen und Apparaten versehen und wird jährlich von mehr als tausend Ärzten besucht. Unter diesen befanden sich 1948 38 Professoren medizinischer Fakultäten Frankreichs und des Auslandes, 151 Krankenhausärzte und Chirurgen, zahlreiche Spezialisten, darunter 30 Nervenärzte aus Frankreich, England, Belgien, Holland und Deutschland, 151 Lungenspezialisten und andere.

Es ist die Aufgabe unseres Kontrollbüros, aus der Fülle der Heilungen, die Jahr für Jahr von Kranken – meist in gutem Glauben – gemeldet werden, den einen oder anderen Fall zur Beobachtung herauszugreifen. Diese Fälle werden dann aufs genaueste untersucht und wissenschaftlich geprüft. Kein Einwand, der je erhoben werden könnte, bleibt dabei unberücksichtigt, keine Lücke darf offen bleiben, in der die Kritik der wissenschaftlichen Welt je einhaken könnte.

Die einzige Deutung, die den Gelehrten, aus denen sich das Kontrollbüro zusammensetzt (es sind bei weitem nicht alles Katholiken) möglich und erlaubt ist, heißt: Angesichts des objektiven Tatbestandes ist dieser Fall nach den biologischen Gesetzen erklärlich, dieser unerklärlich. Jedem Arzt, ob gläubig oder ungläubig, wird die Freiheit seines Urteils zugestanden. Natürlich sind die gläubigen Ärzte beglückt, wenn einer jener unerklärlichen Fälle sich ereignet, der bei ihren ungläubigen Kollegen zumindest Ratlosigkeit hervorruft. Aber nie wird auf diese ein Druck irgendwelcher Art ausgeübt, um sie zur Anerkennung dessen zu verleiten, was sie vielleicht nicht wahrhaben möchten.

Soweit der Bericht des Dr. Leuret aus Lourdes.

Von den 995 Krankenheilungen zwischen 1924 und 1971 wurden 22 theologisch als Wunder anerkannt. Elf andere werden z. Z. geprüft.

Ein typischer Fall von Heilung, die aber keineswegs schon als „Wunder" bezeichnet werden wird, ereignete sich am 5. Juli 1974. Hier ein Bericht aus „Neue Bildpost", 6. Oktober 1974.

Küsse und Tränen in Lourdes

Eine neue Heilung wird aus Lourdes berichtet, dem weltberühmten Marienwallfahrtsort in Südfrankreich! Laute Rufe hallten am Nachmittag des 5. Juli über den weiten Platz in der Nähe der Grotte von Lourdes.

Ein junger Spanier, der die Rotunde unterhalb der Gnadenkirche überquerte, einen kleinen Jungen mit Stoppelhaarschnitt neben sich, rief immer wieder, heiser vor Aufregung: „Un milagro, un milagro." „Ein Wunder, ein Wunder!" „Dieser Kleine", schrie er, „läuft schon anderthalb Kilometer neben mir, und er braucht keine Hilfe. Er kann gehen, er kann gehen!"

Dann stürzte schließlich eine Frau herbei, umarmte den kleinen schmächtigen Jungen und küßte ihn immer wieder mit tränenüberströmtem Gesicht.
Es war seine Mutter.
Und es war die glücklichste Stunde im Leben von Signora Tecchia aus Caserta in Italien.
Mit einer Rückgratverletzung war Paolo zur Welt gekommen.
Als er mit drei Jahren noch immer nicht stehen konnte, kam der Junge in eine Spezialklinik, aber dort kam es statt zu einer Heilung zu einer neuen Katastrophe: Plötzlich konnte Paolo auch nicht mehr sprechen, und ein Jahr später verlor er auch das Sehvermögen.
Seitdem betete die völlig verzweifelte Mutter nur noch zur Madonna von Lourdes.
Mit fünf Jahren wurde Paolo in einer römischen Augenklinik operiert, aber nur auf einem Auge, weil epileptische Anfälle die zweite Operation unmöglich machten. Doch dann konnte der Junge auf einmal wieder auf beiden Augen sehen.
Für eine Reise nach Lourdes hatte die Familie Tecchia mit sechs Kindern kein Geld. Doch ein Salesianerpater schenkte der Mutter zwei Fahrkarten für den Pilgerzug. Nach einem Bad in den Bädern der Grotte war Paolo wie all die anderen Kranken am Nachmittag im Rollstuhl auf die Esplanade zur Gebetsstunde geschoben worden. Als die Brancardiers, die freiwilligen Helfer, nach der Andacht wieder zu ihren Rollstühlen eilten, war der von Paolo Tecchia leer ...

4. *Die Büros der Hospitalité:* Hier erfolgt die Einschreibung der Krankenträger und die Verteilung der Trägergurte (bretelles). Diese Hospitalité ist eine fromme und freiwillige Vereinigung zum Dienst an den Kranken. Sie holen sie vom Bahnhof, bringen sie in die Hospitäler, zur Grotte, zu den Bädern, zu den Pro-

zessionen. Sie sorgen für Ordnung und richtiges Benehmen auf dem heiligen Gelände und sind überall da, wo ihre Hilfe gebraucht wird. Seit 1885 bestehend, seit 1928 eine Erzbruderschaft, sind ihre Mitglieder aus aller Welt.

5. Das *Intentionsbüro*, das die Wünsche für Messen annimmt. Dasselbe kann man in dem Bureau de l'Oeuvre bei der oberen Basilika tun.

Unter der *südlichen* Rampe befinden sich:

1. Mehrere Büros.

2. Einige kleine Säle, die je nach Bedarf verwendet werden, z. B. für Boy Scouts.

3. Die Kapelle des hl. *Pascal Baylon*, eines spanischen Franziskaners des 16. Jahrhunderts, des Patrons der Eucharistischen Kongresse. Statue (1914). Das Mosaik zeigt links Duns Scotus, Franziskaner aus Schottland (1265–1308), Gelehrter und Marienverehrer. Er lehrte in Paris (Kirche Notre-Dame), Oxford und Köln (Minoritenkirche, wo er beerdigt liegt). Ein Wort von ihm: „Alles Große muß Maria zugeschrieben werden." Rechts: Bernhardin von Siena (1380–1444), franziskanischer Kirchenlehrer, Prediger und Verehrer der Muttergottes. Er sagte: „Maria verfügt über die Gnaden Christi." Links vom Altarsockel: Der hl. Paschal betet inmitten seiner Herde das Allerheiligste an. Rechts: Paschal wird auf einer Reise in der Bretagne von Hugenotten mißhandelt.

Die Figuren stellen Heilige aus dem Franziskanerorden dar oder Marienverehrer aus dem Dritten Orden: Elisabeth von Thüringen (1207–1231), Antonius von Padua (1195–1231), Klara (1194–1253), Franziskus (1182–1226), Bonaventura (1221–1274) Laurentius von Brindisi (1559–1619), Colette (1381–1447), Ludwig von Frankreich (1226–1270).

4. *Die Kapelle der hl. Bernadette:* im Hintergrund der Kapelle ein großes Mosaik, die Muttergottes darstellend. Die Worte der schönen Dame vom 18. Februar 1858: „Ich verspreche dir nicht, dich auf dieser Welt glücklich zu machen, wohl aber in der anderen", trennen das Mosaik von den Darstellungen der heiligen Hirtinnen Frankreichs: der hl. Solange (ermordet gegen 880), der hl. Jeanne d' Arc (1412–1431), der hl. Genoveva (422–512) der hl. Germaine von Pibrac (1579–1601). Über dem Tabernakel die Statue Bernadettes in Ekstase. Der Altar aus weißem Marmor von Ceravezza in Italien. Die Kapelle wurde am 21. August 1927 vom Bischof Schoepfer drei Tage vor seinem Tode eingeweiht.

5. Die unvollendete Kapelle U. L. Frau von Guadalupe (Mexiko). Die Statue des hl. Rochus, die früher darin stand (3 m hoch, aus karrarischem Marmor, Nachbildung des Originals in einer Kirche von Montpellier, wo der Wundertäter Rochus im 14. Jh. lebte), ist im Park oberhalb der Südrampe zu sehen.

Die Fassade der Rosaire

Acht je 30 m lange Stufen führen zum Vorhof. Für die Wagen der Kranken ist die Treppe auf beiden Seiten von leicht ansteigenden Zugängen unterbrochen. Mit seinen 400 qm kann dieser Vorplatz gegen 2000 Menschen fassen. Rechts und links vor der steilen Treppe, die zur Terrasse führt, stehen die Statuen des hl. Petrus und des hl. Paulus (1911). Das romanische Portal mit den zwei ungleichen Fensterpaaren und den daneben beginnenden Treppen ist eine Originalität der Baugeschichte. Ein Pilaster aus Lourdesstein trennt die beiden großen Eingangstüren; schwere Eisenbeschläge. Ein Engel trägt über sich ein Spruchband mit den Worten: „Königin des heiligen Rosenkranzes, bitte für uns." Diese Worte beziehen sich auf die Gruppe im Tympanum: Maria mit dem Jesuskind auf den Knien, wie sie dem hl. Dominikus den Rosenkranz zurückgibt. Die Figuren in Überlebensgröße aus Charenter Stein von Maniglier (1890). Die Worte der Umrandung besagen: „Tragt Früchte wie eine Rose, die am Wasserbach gepflanzt ist." – Beachtenswert die feinen Säulen mit den Zeichen des Tierkreises, von links nach rechts: Wassermann, Fische, Widder, Stier, Zwillinge, Krebs, Löwe, Jungfrau (hier in christlicher Deutung), Waage, Skorpion, Schütze, Steinbock. Über dem Portal zwei Medaillons: Leo XIII. (1878–1903) und Bischof Schoepfer von Lourdes und Tarbes († 1927).

Das Innere der Rosaire

Der erste Eindruck: ziemlich dunkel, da nur wenig Licht durch die Glastüre und die Oculi der Krone dringt. Doch brennen meistens die Lichter im Innern der Kirche. Der Bau hat die Form eines griechischen Kreuzes im romanisch-byzantinischen Stil. 48 m lang in Richtung Hochaltar, 52 m breit im Querschiff, kann gegen 4000 Menschen fassen. Zwei gewaltige Pfeiler mit Reliefs, auf denen die Orgel und die Tribünen ruhen, darüber ein Wiegengewölbe, das in der Mitte des griechischen Kreuzes von der Kuppel abgelöst wird. Sie ist 22 m hoch und von den 32 Oculi erhellt. – Hinter den großen Arkaden ein Kranz von 15 Kapellen. Diese sind durch einen Wandelgang verbunden. Zu beachten die feinen Kapitelle.

Der Chor der Rosaire

Die Kommunionbank aus poliertem Marmor und die beiden Ambonen aus karrarischem Marmor, nach den Plänen des Architekten Lacrampe aus Lourdes, schließen den Chor gegen das Schiff ab. Hinter dem linken Ambo der bischöfliche Thron (1906). Bemerkenswert die schön gearbeiteten Chorstallen. Auf dem Hochaltarsockel die Muttergottes von Lourdes; ein Kind, das den Rosenkranz in der einen Hand hält, in der anderen die brennende Kerze; zwischen den Säulchen vier Pfaue, die Federnaugen aus durchscheinendem Emaille als Symbol der 15 Geheimnisse des Rosenkranzes. Kostbarer Tabernakel.

Die Figur der Muttergottes, ebenfalls ein Werk des Erbauers des Hochaltars, Calliat aus Lyon, steht auf einem afrikanischen Onyxsockel und trägt in ihrem Heiligenschein die Worte: „Ich bin die Unbefleckte Empfängnis." Altar wie Statue sind ein Protest der Katholiken gegen den Roman Zolas, der die Dinge in Lourdes in unkorrekter Weise darstellte (1897).

In der Apside ein großes Mosaik, das Maria als Königin der Engel darstellt. In großen Buchstaben die Devise Mgr. Schoepfers: „Durch Maria zu Jesus."

Gegenüber dem Hochaltar beim Eingang die große Orgel, ebenfalls eine Stiftung der Katholiken gegen das Zolasche Buch. Sie hat 40 Register und 2400 Pfeifen (1897). Auf den beiden Seiten der Orgel sieht man das schöne Fenster des Kirchenportales. Das linke untere Medaillon ist mit einer Büste Papst Leos XIII. († 1903) geschmückt, das obere zeigt einen Engel mit dem Worte Belgrad (1716, Seesieg über die Türken, den man der Fürbitte Mariens zuschrieb). Rechts die Büste Pius' IX., oben ein Engel mit der Inschrift: „Lepanto, 1571".

Die Kapellen der Rosaire

Alle in romanisch-byzantinischem Stil, dennoch eine von der anderen verschieden. Die meisten sind von dem Lourder Architekten Lacrampe entworfen. Ausgeführt von den Marmorwerken in Bagnères-de-Bigorre aus Pyrenäenmarmor. Ein Pariser Goldschmied, Lesage, leistete die Feinarbeit. Die Beleuchtung besorgen seit 1940 unsichtbare Scheinwerfer. Beginnen wir im *linken* Seitenschiff; die 15 Altäre verherrlichen die 15 Geheimnisse des Rosenkranzes.

1. Die Verkündigung: Die Jungfrau im Gebet, vor ihr der himmlische Bote Gabriel mit den Worten: „Gegrüßet seist du, voll der Gnade, du bist gebenedeit unter den Frauen"; der Regenbogen als Symbol der Versöhnung mit Gott; der Heilige Geist in Gestalt einer Taube. Weiter die Worte: „Wie ein Regenbogen leuchtet inmitten der Wolken, so leuchtet die Unbefleckte Jungfrau. Fürchte dich nicht, Maria, du hast Gnade gefunden bei Gott – du wirst empfangen und einen Sohn gebären – du wirst ihn Jesus nennen – er wird der Sohn des Allerhöchsten genannt werden – siehe, ich bin eine Magd des Herrn – mir geschehe nach deinem Wort." Im Gewölbe die symbolischen Bilder der Bundesarche, der Paradiessünde und des dämonischen Versuchers (von Doze, Nîmes, 1896).

2. Die Heimsuchung: Maria bei ihrer Base Elisabeth, rechts hinten Joseph mit dem Esel. Oben die mystische Taube, umgeben von Engeln mit dem Spruchband: „Du bist gebenedeit unter den Frauen und gebenedeit ist die Frucht deines Leibes." In der Umfassung: „Selig, weil du geglaubt hast, darum wird geschehen, was dir vom Herrn gesagt wurde. – Er sah die Niedrigkeit seiner Magd, siehe von nun an werden mich selig preisen alle Geschlechter. – Großes tat an mir, der mächtig ist. – Gebenedeit ist die Frucht deines Leibes." Im Gewölbe: Johannes der Täufer, der brennende Dornbusch (von Grellet, Paris, 1903).

Der Altar aus verschiedenen Marmorsorten: geschmückt mit Bronze, Emaille und Steinen; der Tabernakel mit achteckigem Türmchen und Kreuz. Die Pfeilerreliefs mit

Medaillons der reinsten Mutter und der Mutter des Schöpfers.

3. Die Geburt Christi: Dieses Mosaik war das erste, das nach einem Gemälde von Doze, Nîmes (1894) angefertigt wurde: die Muttergottes mit Jesuskind, Joseph, den Hirten und den drei Weisen aus dem Morgenlande. Die Beschriftung: „Ehre sei Gott in der Höhe und Friede den Menschen des guten Willens. – Die Hirten kamen eilends herbei, fanden das Kind in der Krippe liegen. – Die Weisen betraten das Haus und fanden das Kind mit seiner Mutter, fielen nieder, beteten es an und brachten ihm Geschenke, Gold, Weihrauch und Myrrhe."

Im Gewölbe die Worte des Propheten Isaias: „Die Jungfrau wird empfangen und einen Sohn gebären"; links davon der hl. Lukas, der die Erfüllung berichtet: „Sie gebar ihren Sohn."

Der Altarsockel aus Sarrancolin-Marmor; Tabernakel und Aufsatz aus vergoldetem Erz. Auf der linken Seite der Dank des Stifters, de Beauville, der am 26. September 1890 geheilt worden war. In den Reliefs die Mutter Christi und die Unbefleckte Mutter.

4. Darstellung Jesu im Tempel: Maria im Vorhof des Tempels von Jerusalem mit dem Greis Simeon, dem sie ihr Kind in die Arme legt; rechts Joseph und eine andere Frau sowie ein Kranker, der sich auf den Stock stützt; links die Prophetin Anna; die Synagoge ist durch die jüdischen Priester und das Volk gekennzeichnet. Die Beschriftung: „Siehe, dieser ist gesetzt zum Falle und zur Auferstehung vieler in Israel. – Deine Seele wird ein Schwert durchbohren. – Sie opferten für ihn zwei junge Tauben."

In den Bogenrundungen rechts der Prophet Isaias: „Das Volk, das im Dunkeln tappt, wird ein großes Licht sehen"; links der Prophet Malachias: „Der Herr wird zu seinem heiligen Tempel kommen" (von Fournier, Paris 1902).

Der Altar aus verschiedenen Pyrenäen-Marmorsorten; der Tabernakel stellt eine romanisch-byzantinische Basilika dar. In den Pfeilermedaillons: die mächtige Jungfrau, die den Teufel abwehrt, die gütige Jungfrau, die weinende Menschen aufnimmt.

5. Jesus wird im Tempel gefunden: Der Jesusknabe mit der Schriftrolle inmitten der Gelehrten; Maria und Joseph tadeln den Knaben. Der Text: „Sie fanden ihn inmitten der Gelehrten. – Ich muß in dem sein, was meines Vaters ist." In den Bogenrundungen rechts der ägyptische Joseph, links der junge Samuel im Tempel zwischen der Bundeslade und dem siebenarmigen Leuchter (von Grellet, Paris, 1907).

Beim Altar sind dreierlei Marmorsorten verwendet. Kunstvoller Tabernakel mit dem Motiv des Alpha und Omega (Gott als Anfang und Ende alles Seins), dem Jesuskind mit den Symbolen der vier Evangelisten; der Altar ist ein Geschenk der deutschsprechenden Schweizer Katholiken. Die Pfeilerreliefs mit der Weisesten und der Getreuen Jungfrau.

Es folgen die Kapellen in der Apside mit den schmerzhaften Geheimnissen des heiligen Rosenkranzes.

1. Die Todesangst Christi: Jesus am Ölberg mit seinen Jüngern, außer Judas. In der Ferne das von drohenden Wolken eingehüllte Jerusalem. Die Beschriftung: „In Todesangst betete er lange, sein Schweiß floß wie Blutstropfen zur Erde – Vater, wenn Du willst, so gehe dieser Kelch an mir vorüber –, aber nicht mein Wille geschehe –, sondern der Deine."

In den Bogenrundungen: „Ein Engel erschien vom Himmel und stärkte ihn. – Siehe, der dich verraten wird, ist nahe" (von Grellet, Paris, 1899).

Altar und Tabernakel sind in russischem Stil gehalten. Letzterer ist die Nachbildung einer Kirche in Moskau. Gestiftet von dem katholischen Russen Zoubaloff aus Baku (Kaukasus). Die Reliefs zeigen die Wunderbare Mutter und das Geistliche Gefäß.

2. Die Geißelung: Mosaik: Christus an einer Säule des Prätoriums. Drei römische Soldaten werden von Judas, dem Verräter, beobachtet. Rechts hält ein römischer Offizier zwei Pharisäer zurück. Der Text: „Pilatus ließ Jesus gefangennehmen und ihn geißeln. – Wegen unserer Verbrechen wurde er geschlagen, er wurde verwundet wegen unserer Missetaten."
In den Bogenrundungen: „Durch sein Blut wurden wir geheilt"; Job, von Kopf bis zu den Füßen mit Wunden bedeckt. (Maler: Fournier, Paris, 1904).
Beim Altar ist schwarzer Marmor verwendet, der kontrastiert mit dem rotbraunen Marmor der 16 Säulchen des Altaraufbaues, die in weißem Marmor eingefaßt sind. In den Reliefs das Gefäß der Andacht und die Keuscheste Mutter.

3. Die Dornenkrönung: Jesus auf der äußeren Galerie des Pilatuspalastes. Pilatus, Soldaten, ein römischer Offizier und mit dem INRI (Jesus, der Nazaräer, König der Juden), unzufriedener Jude. Text: „Sei gegrüßt, Krone der Herrlichkeit. – Sie flochten eine Krone aus Dornen und setzten sie ihm aufs Haupt. – Wir wollen Deine Krone anbeten, Herr – wir verehren Dein glorreiches Leiden."
In den Rundbögen: rechts Salomon mit dem Diadem, links Abraham, der seinen Sohn Isaak opfern will (von Fournier, Paris, 1905).
Der Altar reich an Ornamentik. In den Reliefs: Königin ohne Makel der Erbsünde empfangen und Königin des heiligen Rosenkranzes.

4. Jesus trägt das Kreuz: Eine enge Straße Jerusalems. Seine heilige Mutter, Maria Magdalena und andere fromme Frauen um den kreuztragenden Heiland. Hinter ihm römische Soldaten, die ihn vor dem Pöbel schützen. Man liest die Worte: „Er hat die Herrschaft des Kreuzes auf sich genommen. – Er trägt unsere Sünden auf diesem Holz. – Weinet nicht über mich, sondern über euch." Im Gewölbe erscheint Gott dem Moses auf dem Berge Sinai, rechts rüstet Abraham sich zum Opfer seines Sohnes Isaak, links Moses mit der ehernen Schlange. Das Mosaik ist das Werk des spanischen Malers Félipe Maso (1907).

Der Altar trägt auf der Vorderseite im Medaillon den Schleier Veronikas mit dem Anlitz des Heilandes. Verschiedene Marmorsorten, reicher Tabernakel mit kunstvoller Tür. Oben zwei Wappen, das der Stadt Rouen, die den Altar stiftete und das des Erzbischofs von Rouen, Mgr. Fuzet, mit dessen Devise: „Eher dienen als glänzen." Die Reliefs: links die Unversehrte Mutter mit dem Jesuskind, rechts die Arche des Bundes.

5. Die Kreuzigung: Jesus auf Golgotha am Kreuze. Rechts seine Mutter, die er uns gibt mit den Worten: „Siehe da, dein Sohn", und zu Johannes: „Siehe da, deine Mutter". Johannes küßt in kindlicher Ergebenheit die Hand Mariens. Auf den Knien Maria Magdalena, hinter ihr eine andere Frau und der Soldat Longinus. Rechts losen zwei Soldaten um das Kleid des unschuldig Gekreuzigten. Im Hintergrund Jerusalem. Der Schrifttext: „Er hat seines eigenen Sohnes nicht geschont, sondern ihn für uns hingegeben. – Er sprach zu seinem Jünger: Sieh da, deine Mutter. – Er sprach zu seiner Mutter: Siehe da, deinen Sohn." Inmitten des Bogens zerreißt ein Pelikan seine Brust, um seine Jungen zu nähren; auf den Seiten zwei Engel, mit der Inschrift: „Er ist gehorsam geworden bis zum Tode, ja bis zum

Tode am Kreuze." (Mosaik von Grellet, Paris, 1901).
An dem Altar bewundern wir besonders den Aufbau.
Die Tür des Tabernakels stellt das Lamm Gottes in
Emaille dar.
Die Pfeilerreliefs: Links der Morgenstern, rechts die
Trösterin der Betrübten, wiederum genommen aus
der Lauretanischen Litanei.
Im rechten Seitenschiff sind die fünf Kapellen mit den
glorreichen Geheimnissen.

1. Die Auferstehung unseres Herrn: Ostermorgen, Christus steigt triumphierend aus dem Grabe; links ein Engel, der den Frauen die Auferstehung ansagen wird, zu den Füßen des Auferstandenen vier entsetzte Soldaten, die Wache hielten. Rechts sieht man die Frauen aus der Stadt zum Grabe kommen. Die Inschrift des Bogens: „Der Engel des Herrn stieg vom Himmel, trat heran, wälzte den Stein hinweg und setzte sich darauf. – Er ist auferstanden, wie er es vorausgesagt hat. – Die Wachen waren halbtot vor Schrecken."
Im Gewölbe symbolisiert ein Phönix im Sande den Auferstandenen, ebenso Jonas und Lazarus (von Grellet, Paris, 1902).
Der Altar aus verschiedenen Marmorsorten; der Tabernakel stellt die Kirche des Heiligen Grabes in Jerusalem dar.

2. Die Himmelfahrt Christi: Christus in weißem Mantel, neben ihm seine Mutter, links Johannes und die Apostelschar auf beide Seiten verteilt. Der Text: „Mit erhobenen Händen segnete er sie, dann trennte er sich von ihnen und stieg in den Himmel hinauf. – Es ist Zeit, daß ich zu dem zurückkehre, von dem ich ausgegangen bin; seid deswegen nicht traurig und betrübt. – Ich lasse euch nicht als Waisen zurück. – Ich steige auf zu meinem und eurem Vater."

Im Gewölbe künden die Engel den Aposteln: „Männer aus Galiläa, was steht ihr da und schaut auf zum Himmel? – Dieser Jesus, der von euch in den Himmel aufgenommen wurde, wird wiederkommen."

Im Tabernakel sehen wir die Fassade einer römisch-byzantinischen Basilika. In den Pfeilerreliefs der Spiegel der Gerechtigkeit und der Sitz der Weisheit mit einem Malteserkreuz.

3. Die Herabkunft des Heiligen Geistes: Der verherrlichte Gottessohn mit den Kreuzesinsignien, der den verheißenen Tröster sendet. Darunter sieben Cherubine mit den sieben Gaben des Heiligen Geistes: Weisheit, Verstand, Rat, Stärke, Wissenschaft, Frömmigkeit, Furcht des Herrn. Unter ihnen der Heilige Geist in Gestalt einer Taube. Im Abendmahlssaal die Muttergottes als Königin mit den Aposteln. In der Randbeschriftung der Text aus der Apostelgeschichte: „Als die fünfzig Tage nach der Auferstehung vollendet waren, wurden alle mit dem Heiligen Geist erfüllt"; und aus dem Psalm 68: „Bekräftige, o Gott, was Du in uns gewirkt hast."

In der Bogenrundung zeigt ein Mosaik die Erschaffung der Welt mit dem Firmament, den Sternen, der Erde, dem Wasser und den Pflanzen, dem Löwen und dem Adler als Herrscher des Waldes und der Luft, mit Adam und Eva. Ein Meisterwerk venezianischer Mosaikkünstler, die damit ein Gelübde der italienischen Katholiken gegenüber Unserer Lieben Frau von Lourdes erfüllten, von der sie den Triumph der Kirche, den Ruhm des Päpstlichen Stuhles und das Wohlergehen Italiens erflehten. Der Altar im romanischen Stil des 12. Jahrhunderts. Man hat nur italienischen Marmor verwendet, und zwar roten und schwarzen von Siena, Castel Nuovo und Rom, darunter Alabaster, Porphyr, Jaspis, Lapislazuli sowie die weiße Sorte von Carrara. Auf dem

Altarsockel ein Malteserkreuz aus Erz mit der Inschrift: „Jesus Christus, Gottmensch. Er lebt, regiert, herrscht! 1901."
Beschriftung um den Altartisch: „Dieser Ort ist heilig, an dem der Priester für die Fehler und Sünden des Volkes betet."
Mosaik von Cisterna (1903). Die Pfeilerreliefs: links die Mystische Rose, rechts der Turm Davids.

4. Aufnahme Mariens in den Himmel: die zwölf Apostel um das Mariengrab in Ephesus. Die seligste Jungfrau entschwebt in den Himmel, gekleidet wie die Erscheinung Bernadettes an der Grotte von Massabielle. Im Himmel wird sie von der heiligsten Dreifaltigkeit empfangen. Die Umrahmung des Bildes trägt die Worte: „Maria wurde in den Himmel aufgenommen – Heute triumphierst du glorreich mit den Engeln – Durch dich sind uns die Tore des Paradieses wieder geöffnet."
Auf den Bogenrundungen links Ruth, die moabitische Ährensammlerin, rechts Judith mit dem Haupt des Holofernes in der Hand, beide Vorbilder Mariens aus dem Alten Testament. Inmitten des Gewölbes sehen wir die Wappen Böhmens, Mährens und Österreichisch-Schlesiens mit der Unterschrift: „Gott segne das tschechische Volk", wie ja das Mosaik ein Geschenk dieses Landes ist. Der Maler ist der Elsässer Wenker (1907). Eindrucksvoller Altar mit einem Tabernakel, dessen Tür ein von Schwertern durchbohrtes Herz Mariä zeigt. Auf den Pfeilerreliefs: links das Goldene Haus, rechts der Elfenbeinerne Turm.

5. Die Krönung Mariens im Himmel: Maria, jung und schön wie die Erscheinung Bernadettes, sitzt auf dem Thron, auf dem Haupt die königliche Krone. Diese ähnelt jener Krone, die am 3. Juli 1876 die Katholiken Frankreichs der Muttergottes von Lourdes verehrten. Über ihr Christus. Engel und Heilige huldigen ihr:

rechts Maria Magdalena, Theresia die Große von Avila (1515–1582), Clara (1194–1253), links der hl. Apostel Johannes, der hl. Dominikus (1170–1221) und der hl. Bernhard (1091–1153). Auf der Erde sind Bernadette und Bischof Laurence, getroffen von den Strahlen aus dem Herzen Jesu. Es ist nochmals eine Schau all der Persönlichkeiten, die zur Zeit der Erscheinungen oder der späteren Entwicklung Lourdes' von Bedeutung waren: links also Bernadette mit der Kerze, der Kardinal Langénieux, früher Bischof von Tarbes und Bauherr der Rosaire, Mgr. Schoepfer, Bischof von Tarbes; gegenüber segnet Pius X. Bernadette, Leo XIII., der Papst der Rosaire, Pius IX., der Papst der Unbefleckten Empfängnis, Mgr. Laurence, der Bischof der Erscheinungen, mit dem Kreuz der Ehrenlegion und Pater Sempé, der gewaltige Apostel Lourdes, mit dem Rosenkranz.

Weiterhin eine Gruppe von Kranken, darunter ein Blinder, der an Bouriette und ein kleines Kind in den Armen der Mutter, das an Justin Bouhohorts erinnert. Im Hintergrunde die Lourdeskirche und die Kaplanswohnung. Umschriftung des Bildes: „Auf ihrem Haupte ist eine Krone von zwölf Sternen. – Königin des Himmels, freue dich, Alleluja. – Bitt für uns bei Gott, Alleluja."

Im Gewölbe: Bethsabée, die Mutter Salomons, mit den Worten: „Ein Thron wurde für die Mutter des Königs aufgestellt, damit sie an seiner Rechten sitze", und die Königin Esther mit Diadem und Zepter: „Sie fand Gnade vor dem König, der sie über alle anderen Frauen erhob und ihr ein Diadem auf das Haupt setzte."

Darinnen das Wappen der Vereinigten Staaten (damals 13, heute 50) mit der Devise: „Ein Ganzes aus mehreren gemacht" (Maler Wencker, 1907).

Dieses Mosaik sowie auch den Altar stifteten drei Pariser Geistliche und der Klerus Amerikas (1901). Auf der Vorderwand die Inschrift: „Königin des Himmels." Neun kleine Medaillons mit den Worten: „Spiegel der Gerechtigkeit – Sitz der Weisheit – Lilie unter den Dornen – Heilige Stadt – Goldenes Haus – Gartenquelle – Elfenbeinerner Turm – Arche des Bundes – Morgenstern." Schöner Tabernakel mit künstlerischer Tür. Auf dem Säulchen links ein Kelch mit Patene (Ehrwürdiges Gefäß), auf dem Pfeiler ein Medaillon mit der Jungfrau in der Grotte und dem Text: „Jungfrau, ohne Erbsünde empfangen".

Noch ein Wort zu zwei anderen Kapellen, die vom gewöhnlichen Publikum in der Rosaire nicht ohne weiteres besichtigt werden können. Die Kapelle des hl. Joseph oder die Priesterkapelle erreicht der Klerus durch die Sakristei auf der Nordseite. Diese Kapelle ist eine Mischung des romanischen und des beginnenden gotischen Stiles. Ein großes Mosaik mit den Buchstaben S. J. (St. Joseph) stellt den Nährvater Jesu und die Muttergottes dar.

Ein Meisterwerk auch die Türe des Tabernakels mit Maria und dem Jesuskind, dem hl. Dominikus, Pius V., Juan d'Austria (dem Helden der Schlacht von Lepanto), der hl. Katharina von Siena (1347–1380), den seligen Alain de Roch (15. Jahrh.) und Grignon de Montfort. Die zweite nicht jedermann zugängliche Kapelle ist die der Hospitalité, gleich beim Eingang der Rosaire links. Sie hat ihren Namen von den Krankenwärtern, die in diesem Raum ihre religiösen Zusammenkünfte halten. Der Stil ist wiederum romanisch-byzantinisch. Der Altar aus Pyrenäenmarmor. Im großen Mosaik eine schöne Statue der Erscheinung. Viele Ex-Votos an den Wänden. Die Glasmalerei stellt den hl. Benedikt Labre (1748–1783), den großen Marienverehrer und Berufspilger, dar.

Für Geistliche: die Basilika besitzt im ganzen 42 Altäre und 15 Beichtstühle.

Ex Votos: die Pfeiler der Rosenkranzkirche tragen an die 10000 Votivtafeln. Sie drücken Bitte und Vertrauen, Freude und Ergebung, Liebe und Dank aus. Sie stammen aus aller Herren Ländern und künden von körperlicher und seelischer Heilung. Auch wenn die Inschriften nicht jedem verständlich sind, spürt doch jeder den gläubigen Sinn von Tausenden heraus, die der Unbefleckt Empfangenen ihre Anliegen unterbreiten.

Im nördlichen Seitenschiff gehen die Besucher der Rosaire über ein riesiges *Wasserreservoir,* dessen unterirdische Gegenwart nur eine Eisenplatte am Fuße eines Pfeilers verrät. Die abhebbare Platte dient dazu, den Wasserstand zu kontrollieren und den Arbeitern einen Zugang zwecks Reparaturen zu schaffen. Das Reservoir ist 20 m lang, 10 m breit und faßt 450 cbm Wasser, d. h. 450000 Liter. Ein elektrischer Motor pumpt das Wasser aus dem Reservoir der 12 Hähne und leitet es in das Bassin der Rosenkranzkirche. Dieser Wasserspeicher garantiert das für die Bäder notwendige Wasser, auch wenn einmal bei der Grotte ein Rohrbruch vorkommen sollte.

Der Platz der Rosaire

Zu Zeiten Bernadettes war er eine schmale Wiese, von Pappeln bestanden. Mitten hindurch floß der Merlassebach, der vom Espeluguenberg herunterkam und sich mit den Wassern des Savy-Kanals mischte. Dort, wo heute die nördliche Rampe steht, zog sich der Gave hin und überschwemmte von Zeit zu Zeit die Wiese mit Schlamm und Sand. Heute ist der Gave zurückgedrängt, der Merlasse- und der Savy-Kanal sind in einem unterirdischen Aquädukt gefaßt und laufen in den Gave. Die frühere Wiese ist heute ein schönes Pflaster, freilich stark aufgeschüttet. Der Platz mißt zwischen der Basilika und der gekrönten Jungfrau 130 m Länge und 85 m

Breite an der weitesten Stelle. Mit der Terrasse und den Rampenwegen kann er etwa 100000 Menschen fassen.

Die Prozessionen

Die *Sakramentsprozession* beginnt täglich um ½5 Uhr nachmittags, bewegt sich über die Esplanade, begleitet von den Gesängen des Chores und des Volkes, und mündet wieder in den Rosaireplatz, wo die Kranken warten. Der Bischof segnet alle, wobei die sogenannten Akklamationen (Zurufe) an das Allerheiligste gebetet werden.

Die Anwesenden, besonders die Kranken, sprechen sie nach. Zum Beispiel: „Gebenedeit sei, der da kommt im Namen des Herrn! Du bist Christus, der Sohn des lebendigen Gottes! Du bist mein Herr und Gott! Herr, wir glauben an Dich, stärke unseren Glauben! Herr, stärke unsere Liebe! Herr, wenn Du willst, kannst Du mich heilen! Herr, mach, daß ich sehe! Herr, mach, daß ich höre! Herr, mach, daß ich gehe! Heiligstes Herz Jesu, erbarme Dich unser! Maria, Mutter Jesu Christi, bitte für uns! Trösterin der Betrübten, bitte für uns! Maria, zeige dich als Mutter! Königin des Himmels, bitte für uns! Königin der Missionen, bekehre die Ungläubigen! Königin der Märtyrer, stärke den Mut der Verfolgten! Heilige Bernadette, bitte für uns! Herr, wir loben Dich, wir preisen Dich! Alle Völker der Erde, lobet den Herrn!"

Seit der ersten Heilung der Nina Kin, am 22. August 1888, während der Prozession, sind viele Fälle dieser Art bekannt.

Die Prozessionsordnung: Marienkinder in weißen Kleidern, Vereine und Bruderschaften mit Fahnen, ein Teil der anwesenden Pilgerzüge, Priester und Ordensleute, Domherren und Prälaten; der amtierende Bischof oder Priester mit dem Allerheiligsten, umgeben von seinem liturgischen Dienst; dann folgen die anwesenden Bischöfe, die Ärzte der medizinischen Feststellungskommission, die Abordnungen der Hospitalität, Ordens-und Krankenschwestern, schließlich der übrige Teil der Pilgerzüge.

Die *Lichterprozession* findet um 20.30 Uhr statt. Zuerst sammeln sich die Gläubigen zu einem Rosenkranz an der Grotte, dann werden die Kerzen entzündet. Die Prozession nimmt ihren Weg über die Rampen, an der gekrönten Jungfrau vorbei zur Esplanade, wendet bei der bretonischen Kreuzigungsgruppe und sammelt sich in Serpentinen vor der Rosaire auf dem großen Platz. Wie bei der Sakramentsprozession bestimmte Lieder in feierlicher Melodie gesungen werden, ist für die Lichterprozession das allbekannte „Ave-Maria" vorgeschrieben. Es ist von Abbé Gaignet aus Luçon (Vendée) verfaßt, hatte ursprünglich nur acht Doppelverse, die aber bereits im Jahre 1874 auf 60 Doppelverse vom selben Autor vermehrt wurden. Sie besingen die Geschichte der Erscheinungen. Dazu kommen oft noch andere Lieder. Das am Schluß der Prozession gesungene lateinische Credo ist auf dem Kerzenschirm aufgedruckt. Um die Gesänge des fast 2 km langen Prozessionsweges zu synchronisieren, sind überall Lautsprecher angebracht und ein Harmonium begleitet die Stimmen einer Schola.

IM AUSSENBEZIRK
DER HEILIGEN STÄTTEN

Der Kalvarienberg

Zur Zeit Bernadettes hieß er *Piedebat* oder *Espélugues*. Südlich vom Massabiellefelsen gelegen, fiel er im Norden, Osten und Westen steil zum Gave ab bis zu einem Höhenunterschied von 150 m. Von der Stadt herkommend, zog sich nach dem Pont Vieux (alte Brücke) der Chemin de la Forêt (Waldweg), Richtung Ost-Nord den felsigen Berg entlang. Diesen schlecht unterhaltenen Forstweg, der vom Merlassebach durchschnitten wurde, kamen die drei Mädchen an jenem denkwürdigen 11. Februar 1858 eine kurze Strecke gegangen, um ihn bei dem Steg zur Savymühle zu verlassen und auf die Insel Chalet zu gelangen. Von Süden her führte ein schmaler Steg auf den Berg, wo die Hirten ihre Schafe und Ziegen das magere Gras zwischen Disteln und Brombeersträuchern abweiden ließen. Sonst gab es nur noch einige wenige von den stürmischen Westwinden zerzauste und verkrüppelte Eichen.

Die Stadt Lourdes hatte keinen großen Profit an diesem Besitz, und so gab sie ihn gerne an Bischof Laurence ab, als dieser das Gebiet erwerben wollte; denn in kluger Vorausschau ahnte dieser, daß man rechtzeitig die Umgebung der Erscheinungsstätte vor allzu weltlichem Lärm und einer gierigen Fremdenverkehrsspekulation schützen müsse. Gern hätte er da oben nach dem Muster von Bétharram Kreuzkapellen errichtet, aber am 30. Januar 1870 starb er eines seligen Todes in Rom. Die Grottenmissionare, vor allem ihr unermüdlicher Superior, P. Sempé, vollendeten sein Werk. Sie kauften noch das Nordweststück des Berges dazu, und im Jahre 1884 erstand bereits ein schlichter Kreuzweg. Der eigentliche Inspirator dieses hervorragenden Werkes war Pater

Bernhard Ozon, dem seine Mitbrüder den Spitznamen „Le Nôtre des Kalvarienberges" gaben (Le Nôtre war der berühmte Zeichner der Gärten und Parks seiner Zeit, u. a. von Versailles, 1613–1700). Dieser Kreuzweg war jedoch nur provisorisch.

Man dachte an einen Kreuzweg riesigen Ausmaßes, mit Monumentalgruppen im Freien, um größeren Menschenmengen die Teilnahme an den Andachten zu ermöglichen. Das Haus Raffl von Paris übernahm die Arbeit und lieferte 115 Figuren aus Gußeisen, jede in der Durchschnittsgröße von 2 m. Anspruchsvolle Kritiker wünschten sich einen Kreuzweg aus karrarischem Marmor; aber das Wesen eines Kreuzweges ist nicht der Kunstgenuß, sondern daß er den Betrachter und Beter aus dem Alltag herausreißt und in eine religiöse Welt versetzt. Und diesen Zweck erreicht der Kreuzweg in Lourdes. An einem Samstag, dem 14. September 1912, fand die Einweihung statt. Pius X. hatte den Kardinal Luçon aus Reims als seinen Delegierten ernannt, 12 Bischöfe und Erzbischöfe sowie 20000 Pilger nahmen an der Feier teil. Unter dem Absingen des „Stabat mater" zog die Riesenprozession den Berg hinan, an der Spitze der päpstliche Delegat. Bei der 12. Station hielt der Bischof von Pamiers eine zündende Predigt über das Königtum Christi. Am nächsten Tag feierte der Kardinallegat eine Pontifikalmesse am Fuße der 12. Station unter Teilnahme von 40000 Pilgern.

Der Kreuzweg

Er beginnt links von der oberen Basilika gegenüber der Pénitencerie. Auf einem Pilaster des dreiflügeligen Tores steht der „Engel des Schmerzes" mit gesenkten Flügeln, in der Hand ein Kreuz, auf dem zu lesen ist „Im Kreuz ist Heil", während er mit der Rechten den heiligen Weg weist.

Rechts an der Steigung steht das Denkmal von Moulins am Felsen. Ein Altar mit einem massiven Kreuz. Auf dem Sockel steht: „Zum Andenken an die Opfer der Eisenbahnkatastrophe bei Laguian". Auf dem Wappen-Schild „1. August 1922", umrankt von dem Wort „Hoffnung". Auf der Vorderseite des Altars die Namen der 33 Pilger der bourbonischen Wallfahrt, die bei der Zugentgleisung ihr Leben ließen.

Als nächstes das Kreuz von Beauvais mit einem 2 m hohen Kruzifixus mit der Inschrift: „In diesem Zeichen wirst du siegen".

Gegenüber der 4. Station stehen im Garten die Statuen Herz Jesu und Maria Alacoque, die man vor Jahren auf der Esplanade sah.

Zweihundert Meter nach der letzten Kreuzwegstation kommt man zu den *Espeluguen-Grotten*. Eine Treppe führt zur ersten: ein Raum von etwa 250 bis 500 qm acht bis zehn Meter hoch. Dieser ist durch eine große Öffnung mit einem anderen verbunden, der 80 m lang, 10–12 m breit und bis zu 15 m hoch ist. Diese Naturgrotten wurden im Verlauf vieler Jahrtausende vom Wasser aus dem Kalkstein herausgefressen und nach der Auffassung der Archäologen von vorgeschichtlichen Menschentypen bewohnt; denn man fand dort zugeschnittene Steine, Steinäxte, Knochen und andere Überbleibsel einer vergangenen Zeit. Eine Auswahl der Tierwelt des Quartär, eine Zyklopenmauer aus Granit und Kalk, ein Herd, sogar ein menschliches Skelett wurden dort aufgefunden und sind teilweise im Pyrenäenmuseum von Lourdes, bzw. auf Abbildungen im Museum Notre-Dame zu besichtigen. Die Grottenmissionare formten aus diesen Grotten christliche *Kapellen:*

die erste ist der *hl. Maria Magdalena* geweiht. Sie birgt einen auf einem viereckigen Pfeiler ruhenden Altartisch und eine Statue der heiligen Büßerin.

Die zweite Kapelle trägt den Namen *Unsere Liebe Frau von den Schmerzen*. Über dem Altar eine Pietà. Nebenan auf einem Felsenvorsprung eine Kanzel. An den großen Wallfahrtstagen werden mehrere heilige Messen in den beiden Grotten gefeiert.

Auf der Grottenwand außen steht ein gewaltiges Kreuz, flankiert von den Statuen der Muttergottes und des hl. Johannes. Der Verwirklicher dieser Idee war der Kapuzinerpater Marie-Antoine, den man den „Heiligen von Toulouse" nannte. Auf seine Anregung hin wurde es als *„das Kreuz Frankreichs"* betitelt.

Beim Abstieg stoßen wir auf das *keltische Kreuz*, von den katholischen Irländern gestiftet. Aus blauem Granit, 4,50 m hoch (Bildhauer Gaffney, Irländer). Zu Füßen des Kruzifixes Maria und Johannes, der hl. Patrizius und die hl. Brigitta links und rechts der Hände, oben Engel, um den Kreuzesstamm herum die 15 Geheimnisse des heiligen Rosenkranzes. Die Inschrift in keltischer und französischer Sprache:

„Unserer Lieben Frau von Lourdes – Huldigung des treuen und dankbaren Irlands. Nationalwallfahrt 1913. Laß uns neben Dir am Kreuze stehn." Zwei Jahre hat der Künstler daran gearbeitet.

Wenn wir auf dem Weg, der zu den Garagen und zu verschiedenen Werkstätten führt, nach rechts einbiegen, gelangen wir zur *bischöflichen Residenz* des Bischofs von Tarbes und Lourdes. Die Verbindung Tarbes-Lourdes datiert vom Jahre 1912. Dort wohnte auch Papst Pius XII., als er noch als päpstlicher Legat dem Erlöserjubiläum (25.–28. April 1935) präsidierte.

Im westlichen Teil des Parkes befindet sich der *Friedhof* der Lourder Missionare von der Unbefleckten Empfängnis, die von 1866 bis zum Jahre der Klostergesetze 1903 ihren segensvollen Dienst an den Heiligtümern versahen. Dort finden wir das Grab des bereits erwähnten Paters Pierre-Remi Sempé (gest. 1. Sept. 1889), der zusammen mit Pater Jean-Marie Duboé den Bau der oberen Basilika, des Pont St. Michel der Esplanade, des Boulevard der Grotte, des Pilgerheims usw. überwacht hatte. Einen Ehrenplatz hat dort auch der verdienstvolle Chef des medizinischen Büros, Baron de Saint-Maclou.

Weiter unten, gegen die Basilika zu, treffen wir auf die *Wohnung der Kapläne*, wo auch die Wallfahrtsdirektoren und Bischöfe auf Besuch untergebracht werden. Im Jahre 1878 wurde der Bau fertiggestellt, die geradezu klösterliche Zelleneinrichtung aber auch heute noch beibehalten. Dagegen besitzt die Residenz der Kapläne eine entzückende Kapelle zu Ehren des hl. Joseph und der Heiligen Familie (1896), mit Fresken aus dem Leben derselben (Maler: Maxence). Hier war der erste Superior wiederum Pater Sempé.

Diese Missionärswohnung wurde 1893 durch einen Kreuzgang vergrößert und die sogenannte *Maîtrise* für den Aufenthalt der an der Basilika tätigen Chorknaben (25 an der Zahl) und den *Bureaux de l'Oeuvre*, an die man sich wenden kann, um Messen anzugeben, Stiftungen und Votivtafeln abzuliefern, Lourdeswasser zu bestellen, Abonnements auf religiösen Zeitschriften, die in Lourdes erscheinen, aufzugeben usw.

In der *Poenitentiarie* (Réconciliation) daneben sind 24 Beichtstühle aufgestellt, die für große Wallfahrten bestimmt sind. Man kann dort auf deutsch beichten. Gleichfalls besteht die Möglichkeit, das heilige Opfer dort zu feiern. Im übrigen dient der Raum als Sitzungssaal für Besprechungen und Konferenzen größerer Art. Vor der Treppe eine Statue des hl. Pfarrers Johannes Vianney von Ars († 1859), die früher auf der Esplanade stand.

Im Hofe davor eine Bronzestatue der Madonna von Lourdes, die eben mit ihrem Rosenkranz ein Kreuzzeichen macht, so wie sie es am ersten Tage ihrer Erscheinung, am 11. Februar 1858, tat.

Sowohl über den Boulevard de la Grotte wie von der Esplanade aus kann man zum Museum *Notre-Dame* gelangen. Es liegt in dem nach englischem Muster angelegten Park Sainte-Bernadette gegenüber der unterirdischen Kirche des hl. Pius' X. Inmitten dieses englischen Gartens sieht man Bernadette in Verzückung. Statue aus weißem Marmor. Das Museum wurde 1932 eingerichtet und birgt wertvolle Erinnerungen an Bernadette. Man findet die Geschichte des religiösen Lourdes von 1858 bis auf unsere Tage verzeichnet. Inmitten des Museums einige Statuen Bernadettes als Kind und als Schwester Marie-Bernard. In den folgenden Sälen Bernadette mit dem Lämmchen, eine Gruppe der Erscheinung, Bernadette auf dem Sterbebett.

Im ersten Saal Gemälde: P. Marie-Antoine, Lourdes 1858, Erscheinung der schönen Dame u. a. m. Interessant die Wallfahrtsabzeichen aus allen Ländern und die prähistorischen Funde aus den Espeluguengrotten. Der Hauptinhalt des Museums sind jedoch 250 Fotos, Porträts und Plastiken, welche die Geschichte Lourdes' vor, während und nach den Erscheinungen aufzeigen: die Boly-Mühle, der Taufakt, die alte Kirche von Lourdes, St. Pierre, Bischof Laurence, Dekan Peyramale, François Soubirous und seine Frau Louise geb. Castérot, Bartrès, die Rue des Petits-Fossés, der Cachot; im zweiten Saal ein Relief der Grotte und der Umgebung, die Grotte 1858–1859, ein Panorama des ganzen religiösen Gebietes, der Werdegang der einzelnen Bauten, der bedeutendsten Männer bei diesen Bauarbeiten, die Geschichte der Wallfahrten und schließlich die Illustrierung des Lebens, des Todes und des Triumphes der Seherin von Lourdes. In sechs Vitrinen die verschiedensten Andenken an Bernadette.

Die eindrucksvollste Schau bietet die Ausstellung der *Bilder von Geheilten* im großen Saal. Bei jedem Bild eine kurze Schilderung des Vorganges. Das Ganze ist aber nur ein Ausschnitt der vielen Fälle. Leider werden Besucher, die des Französischen nicht mächtig sind, nicht jenen erregenden Eindruck gewinnen können, den diese Bilder zu vermitteln imstande sind. Hinter dem Museum am Ufer des Gave, befindet sich der *Saal Unserer Lieben Frau*. Er dient sowohl als Kult- als auch als Versammlungsstätte (für ca. 3000 Pers.). Ganz in der Nähe dieses Saales trifft man verschiedene Büros der Katholischen Aktion und anderer Werke und kirchlicher Bewegungen an, wie z. B. Marienlegion, Missionsausstellung, Zentrum für religiöse Berufungen, Eucharistische Jugendbewegung.

Saal und Museum der hl. Bernadette

Unweit davon, in der rue Monseigneur-Schoepfer, im ehemaligen Stadtviertel Merlasse, steht dieses andere Werk der Grotte. Man gelangt dorthin durch die St. Josephspforte, den südlichen Ausgang des heiligen Bezirks.

Es ist ein neues Gebäude, dessen Stockwerke den Mitgliedern der Hospitalität und den Krankenträgern vorbehalten sind.

In demselben Bauwerk befindet sich im Erdgeschoß der *Saal der hl. Bernadette*.

In diesem Saal finden täglich Vorführungen religiöser Filme für die Pilger statt.

Im Zwischengeschoß ist das Museum der hl. Bernadette untergebracht, wo in Dioramen Personen und Örtlichkeiten dargestellt sind, die zur Geschichte der Lourdeserscheinungen gehören.

Vom Josefstor aus gelangt man in Richtung Pont Vieux (alte Brücke) zum *Hospital Unserer*

Lieben Frau von den Schmerzen. Seine Bauzeit vom Grundstein bis zur Vollendung dauerte von 1874–1938. Es beherbergt eine Anzahl alter Leute und zur Zeit der großen Wallfahrten bis zu 700 Kranke. Die Führung dieses Krankenhauses liegt in den Händen der Schwestern de Saint-Frai.

Die Mühlen Boly und Lacadé

Die beiden Häuschen sind über den Boulevard de la Grotte zu erreichen, wenn wir uns rechts von der St. Michaelsbrücke zu einer Seitengasse durchfragen. Die *Bolymühle* (links) hatten die Eltern zuerst in Pacht. Im Erdgeschoß ist noch die Mühleneinrichtung und die Küche erhalten, im ersten Stock das Geburtszimmer Bernadettes. Bis 1854 wohnte sie dort. Im Jahre 1863 pachteten die Eltern die *Lacadémühle* (rechts). Man bezeichnet sie als Vaterhaus Bernadettes, aber sie wohnte nie darin, denn sie war inzwischen ins Spital der Nevers-Schwestern übergesiedelt. Im Haus sehen wir die Sterbebetten der Eltern und allerlei Familieneinrichtungen.

Der Cachot

Er liegt mitten in der Stadt, in der Rue des Petits-Fossés, die man über die Rue de la Grotte erreicht; doch ist die Umgebung völlig verändert gegenüber der von 1858. Seit 1849 war es im Besitz eines gewissen André Sajous, der den gegen Westen gelegenen, sonnenlosen Raum im Jahre 1856 schließlich aus Erbarmen seinem Vetter, dem früheren Müller François Soubirous und dessen Familie überließ. Soubirous hatte nacheinander mit den Mühlen Boly, Laborde, Escoubes bankrott gemacht und auch für die Häuser Soubies und Rives die Pacht nicht mehr aufzubringen vermocht, so daß er immer wieder ausziehen mußte. Nun hauste er also in größter Armut mit seiner

Frau Louise und den Kindern Bernadette, Toinette, (meist Marie genannt), Jean-Marie und Justin im Cachot, wo es nur ein Bett gab für die Eltern, eins für die zwei Mädchen, einen alten Koffer, einen Tisch, zwei Stühle, einige irdene Teller und etwas Küchengerät. Doch fehlte über dem Kamin nicht das Kreuz. Abgesehen von den Monaten September 1857 bis Januar 1858, die Bernadette bei der Bäuerin Marie Laguès in Bartrès verbrachte, war sie bis 1859 hier. Dann zogen ihre Eltern zur Mühle Gras am Lapacabach, nicht weit von ihrem ursprünglichen Besitz Boly. Dort wurde am 10. Dezember 1859 das fünfte Kind der Soubirous, Jean-Bernard-Pierre, geboren.

Jeanne Ribettes, eine Freundin Bernadettes, durch Dekan Peyramale dazu angeregt, kaufte den Cachot; später ging das Haus von ihrer Tochter über an den verwandten Abbé Jean Bordes; dieser schenkte es dem Waisenhaus Sainte-Bernadette und damit den Schwestern von Nevers am 8. September 1921. Im Jahre 1926, ein Jahr nach der Seligsprechung Bernadettes, wurde der Cachot in eine einfache Kapelle verwandelt mit einem Altar aus der alten Peterskirche von Lourdes, die im Jahre 1903 abgebrochen worden war.

Dort wird täglich die hl. Messe gefeiert (vorher anmelden!). Andenken an Bernadette sind im Zimmer zu sehen.

IN LOURDES UND RUND UM LOURDES

Hinweise (alphabetisch geordnet)

Andenken: Neben vielen Geschmacklosigkeiten kann man auch Ansprechendes und Wertvolles entdecken. Feste Preise! In vielen Läden spricht man Deutsch. Häufig ist mit dem Hotel ein Laden verbunden, wo man 10 % Rabatt bekommt.

Anschlagtafel (deutsch) nach dem Josefstor:
Meßfeier: Mittwoch und Sonntag in der Piusbasilika um 9 Uhr.
Sakramentsprozession: täglich 16.30 Uhr, bei schlechtem Wetter in der Piusbasilika (unterirdisch).
Aussetzung des Allerheiligsten in der Krypta: täglich 8.30–18.30 Uhr.
Beichtgelegenheit: in der Kapelle der Réconciliation, links oberhalb der Krypta.
Bäder: werktags: 9.00–11.00 Uhr; 14.30–16.00 Uhr.
 sonntags: 14.00–16.00 Uhr.
Rosenkranz und Lichterprozession: täglich an der Grotte um 20.30 Uhr.

Auskunft: Syndicat d'Initiative, Place de l'Eglise (Kirchenplatz), Telefon 941565; wegen Unterkunft: Syndicat des Hoteliers, 7, Chaussée Maransin, Maison Lavigne, das alte Pfarrhaus des Pfarrers Peyramale aus dem Jahre 1858, Telefon 943541; Reisebüro: Lourdes Tourisme, Avenue Peyramale.

Autobuslinien: Vom Bahnhofsplatz aus (in den Hotels oder bei der Reiseleitung zu erfragen); oder 19, Avenue du Paradis (Telefon 942290); oder 14, Av. Bernadette Soubirous (Telefon 942290).

Autovermietung Hertz: 40, Avenue Maréchal Foch, Telefon 931499 (über Tarbes).

Bahnhof: Wer allein mit dem Zuge ankommt, wende sich an den Verkehrspolizisten an der Straßenkreuzung. Nennung der Unterkunft genügt, um sich verständlich zu machen.

Banken: Banque Lacaze 1, place Maréchal Foch, Telefon 942098.
B.N.P. 4, avenue Peyramale, Telefon 941174.
B.R.E.C. 2, rue de la Halle, Telefon 940691.
Crédit Lyonnais 2, rue Saint Pierre, Telefon 942618.
Société Générale 51, rue de la Grotte, Telefon 942054.
Comptoir National d'Escompte de Paris, 4, Avenue Peyramale, Telefon 941395.

Beichtgelegenheit: bei jedem deutschen Priester oder in der Beichthalle links der Basilika. (8.15–11.30; 14.15–18 Uhr). Am besten aber zu Hause vor Antritt der Wallfahrt (s. Plan 8).

Benehmen: Höflichkeit auf der Straße und in den Geschäften ist Selbstverständlichkeit. Geistliche und Damen mögen in Lokalen, nicht aber auf den Straßen rauchen. Die Franzosen sind liebenswürdig und hilfsbereit, aber empfindlich gegen unkorrektes Auftreten. Keine indiskreten Bemerkungen! Oft verstehen die Ausländer die deutsche Sprache.

Bettler: Kein Almosen geben! Es sind meist gar keine Armen, sondern Nutznießer schlecht angebrachter Mildtätigkeit. Man tut besser daran, diese Menschen zu übersehen.

Briefkasten (boîte aux lettres)*:* Im Wallfahrtsgebiet beim Fundbüro auf der Gaveseite und gegenüber der oberen Basilika. In der Stadt an den größeren Straßenkreuzungen. Das Postamt befindet sich in der Avenue Maransin 2.

Camping: Sich beim Verkehrsverein (Syndicat d'Initiative), place de l'Eglise, (Telefon 941565) erkundigen.

Diebe: Bei Massenansammlungen zugegen. Also Vorsicht! Nur soviel Geld mitnehmen, wie man für den Tag braucht und nichts aus Vergeßlichkeit liegenlassen!

Essenszeiten: Man achte im Hotel auf die gemeinsamen Essenszeiten und halte sie pünktlich ein. Frühstück meistens zwischen 7–9 Uhr.

Trinkgelder nicht verpflichtend. Will man sich einem freundlichen Hotelpersonal gegenüber dankbar zeigen, kann man bei der letzten gemeinsamen Mahlzeit eine Sammlung veranstalten.

Heiliges Gelände: Dazu gehören die Kirchen, die Esplanade, die Grotte, die Gaveallee und der Kalvarienberg. Nicht rauchen! Frauen und Mädchen tragen Schleier (Kopftuch) oder Hut und lange Ärmel. Strenges Stillschweigen vor der Grotte. Während der Andachten vor der Grotte sich nicht vordrängen. Zutritt zur Grotte: Rechts hinein-, links hinausgehen!

Garagen: Erkundigen beim Syndicat d'Initiative.

Gendarmerie: Telefon 94 01 64.

Hotelpersonal: Sollte es Schwierigkeiten oder Mißverständnisse mit dem Personal geben, so wende man sich nie direkt an die Hotelleitung, sondern zuerst an die deutsche Pilgerleitung.

Hotels: Es gibt über 200 Hotels aller Kategorien, alte und neue, von denen über 30 das ganze Jahr öffnen. Dazu über 160 Familienpensionen, von denen ca. 15 das ganze Jahr über offen sind. Möblierte Hotels ohne Pension sind es über 70, (ca. 10 das ganze Jahr offen). Man wende sich wegen Unterkunft an das Syndicat d'Initiative, Place de l'Eglise, Telefon 94 15 65. Man kann aber auch über heimatliche Reisebüros Zimmer bestellen. Übrigens gibt es in Lourdes auch ein eigenes Syndicat des Hoteliers, 7, Chaussée Maransin, Telefon 94 35 41.

Internationales Treffen *Pax Christi*: 65, route de la Forêt, jenseits der Lourdesbasilika, Telefon 940066.

Jugendlager: Ferme de Milhas, Telefon 940395 (auch unter den südlichen Rampen vor der Rosenkranzkirche).

Kerzenopfer: Kerzen sind überall in der Stadt zu kaufen. Man kann sie beim Durchgehen der Grotte in den dazu bereitstehenden Korb legen. Ist die Grotte nicht betretbar, so gibt man die Kerzen dem Sakristan oder einem anwesenden Wallfahrtsführer oder liefert sie am Kerzenbüro auf der Gaveseite der Rampe ab. Man darf sicher sein, daß sie zur rechten Zeit in der Grotte brennen werden. Seit neuem kann man sie auch selber an einem der Eisenständer aufstecken.

Kino Bernadette, Rue Mgr. Schoeffer.

Kinos: Majestic, 8, Chaussée Maransin, Telefon 942493. Pax, 61, Rue de la Grotte, Telefon 942472.

Klein-Lourdes (Petit Lourdes), Avenue Peyramale, Rekonstruktion der Stadt von 1858 im Maßstab 1 : 20.

Klima: Trotz der gelegentlichen Schwüle ist das Klima in Lourdes gesund und bekömmlich. Auch zu längerem Aufenthalt geeignet. Der Gesundheitszustand der Stadt wird als sehr gut bezeichnet. Obwohl durchschnittlich jährlich über eine Million Fremde und mindestens 20000 Kranke nach Lourdes kommen, ereignen sich nicht mehr als 8–11 Todesfälle auf 1000 Einwohner. Niemals gab es Epidemien.

Kliniken: Bernadette, 17, Rue Saint Simon. Telefon 940396.

Notre Dame, 42, Avenue Maréchal Foch, Telefon 940612.

Klöster: Nur Frauenklöster, die auch Schulen unterhalten, auch Krankenhäuser, Pilgerheime, Lehrerinnenheim führen. Ihre Zahl beläuft sich auf 35.

Krankheit: Im Falle einer plötzlichen Erkrankung verständige man die Pilgerleitung. Sie sorgt für alles übrige. Schon auf der Fahrt möge man sich nach der Adresse der Pilgerleitung in Lourdes erkundigen. Andernfalls ist sie bei der Ankunft zu erfragen. Einzelreisende wenden sich an die Hotelleitung, die für Arzt oder Überweisung in eine Klinik sorgt.

Legio Mariae: Boulevard de la Grotte, Telefon 941412; tägliches Treffen um 17.30 Uhr hinter dem Museum Notre Dame.

Messen: siehe Oeuvre de la Grotte oder Zelebration.

Museen: Bernadette, Rue Mgr. Schoepfer, Telefon 960641.
Religiöse Kunst (du Gemmail), 72, rue de la Grotte (9–12, 14–17 Uhr).
Notre Dame, gegenüber der unterirdischen Basilika (8–12, 14–17 Uhr).
Pyrenäenmuseum, in der Burg, Aufzug oder Treppe mit 256 Stufen, Telefon 940204.
Wachsmuseum, 87, rue de la Grotte (8.30–12; 13.30–22.00 Uhr); Telefon 943374.

Oeuvre de la Grotte: (Grotten-Werk), eine Bezeichnung, die verschiedene Tätigkeiten an verschiedenen Orten beinhaltet. Hauptstelle: in der route de la Forêt, die sich am Kalvarienberg hinzieht, gegenüber der Krypta, T. 941426. Die Büros schließen an die Kapelle an. Beichtzeiten: 8.15–11.30; 14.15–18.00 Uhr. Die Wohnung der Kapläne etwas weiter. Ab 17.00 Uhr kann man dort Messen an der Grotte bestellen. Die Meßintentionen gibt man unter den Rampen der Rosenkranzkirche, rechts gegen die Grotte zu, an. Kaufladen, Bücher, Veröffentlichungen, Musikwerke, Schallplatten, Selbstbedienung für Kerzen, hinter den Arkaden links, Richtung Grotte. *Pax Christi*, links vom Salle Notre Dame (beim Ausgang der unterirdischen Basilika, links vom Tor des hl. Michael).

Petit Lourdes s. Kleinlourdes.

Polizei: Telefon: 940208.

Post: 2, Chaussée Maransin, Telefon 941597.

Statuen Bernadettes:
Bernadette als Hirtin vor dem Hospital Bernadette (J. S. Hartmann, 1936).
Bernadette mit dem Lamm vor dem Accueil Notre Dame (Th. Hartmann, 1934).
Bernadette als Nonne vor dem Accueil Notre Dame (Marie Bernard, 1933).
Bernadette in Ekstase, in vergoldeter Bronze an ihrem Altar (Michelet, 1932); dieselbe Statue in Marmor vor dem Museum Notre Dame.
Aus weißem Marmor am Portal der Pfarrkirche Herz-Jesu (Vilon).
Bernadette als Pyrenäenmädchen beim Bahnhof.

Taxi: Beim Bahnhof, Telefon 943130.

Touristenbüros s. Syndicat d'Initiative, Place de l'Eglise, Telefon 941565.

Zelebration: Neben vielfacher Gelegenheit in den Kirchen und Kapellen des Wallfahrtsbezirkes kann der Priester auch in den Stadtpfarrkirchen, im städtischen Krankenhaus oder in einem der Frauenklöster die Messe feiern. Es ist ratsam, sich bei den Konventen rechtzeitig anzumelden. Bei großem Andrang zu den Altären an manchen Wallfahrtstagen wähle man sich einen Altar, diene seinem Vorgänger und bete geduldig sein Brevier, bis man an die Reihe kommt. Auch der Nachfolger am Altar wird dankbar sein, wenn man ihm beim Ankleiden behilflich ist oder ihm ministriert. Wein und Hostie erhält der Priester in der Sakristei, wo er sich in das aufliegende Buch einzeichnet.

Beim Verlassen des Hotels in der Frühe Humerale und Kelchtüchlein mitnehmen!

Beim Grottenaltar findet meist Konzelebration statt. Vorher anmelden! Einen Obolus für den Sakristan!

Sehenswürdigkeiten in der Stadt

Im Syndicat d'Initiative (Verkehrsbüro, Abkürzung S. I.), place de l'Eglise (Telefon 94 15 65), kann der Reisende alles Wissenswerte über Spaziergänge, Ausflüge, Autobusverbindungen, Fahrpreise usw. erfahren.

Château Fort (alte Burg), von deren Höhe man eine gute Sicht über Lourdes hat. Täglich geöffnet. Besuchszeiten von 8–19 Uhr. Manche Teile aus dem 13. und 14. Jahrhundert. Im Mittelalter eine Art Raubritterburg. 1360 im Vertrag von Brétigny bis 1498 an die Engländer abgetreten. Seit Ludwig XV. (1710–1774) Staatsgefängnis. Seit 1920 Heimatmuseum des französischen Touring Clubs. Dieses sogenannte *Pyrenäenmuseum* ist die interessanteste regionale Sammlung Frankreichs. Weitere Sehenswürdigkeiten der Burg: Hängebrücke, 24 m hoher Turm, Balkonbrüstungen, Zisternen mit 4 m dicken Wandungen, eisernes Fallgitter. Elektrischer Aufzug.

Friedhof, an der Rue de l'Egalité, mit den Gräbern der Eltern und Brüder Bernadettes. Vom Place Peyramale, dem Zentrum der Stadt, in einer Viertelstunde zu Fuß zu erreichen.

Hospital Bernadette, route de Tarbes, Telefon 94 01 74. Dort die Kapelle, wo Bernadette am 3. Juni 1858 ihre

Erste Hl. Kommunion empfing. Auch einige andere Andenken an die Seherin. Läuten, bitte!

Pfarrkirche an der Ecke des Place Peyramale und der Rue St. Pierre. Dem heiligsten Herzen Jesu geweiht. Von Pfarrer Peyramale geplant, aber erst 1903 vollendet. Auf dem Vorplatz eine Statue des Geistlichen. Im Inneren mächtige Marmorsäulen mit wuchtigem Gewölbe. In der Chorgruft das Grab Peyramales. Rechts vom Chor sein Grabdenkmal aus Marmor. Reste der alten Kirche: der Taufstein, an dem Bernadette getauft wurde (Januar 1844); der Beichtstuhl des Pfarrers Peyramale; die Orgel; die Kommunionbank in der Krypta, an der Bernadette oft kniete. Der 65 m hohe Turm wurde 1836 vollendet. Am Kirchenportal eine Statue Bernadettes aus weißem Marmor vom Lourder Bildhauer Vilon.

Sarazenengrotte drei Minuten von der Burg entfernt. Eingang: 35, rue des Pyrénées.

Andere Grotten sind zu erreichen von der Basilika aus, an der Kaplanei vorbei, 1 km. Zuerst die Wolfsgrotten. 1 km weiter die Roy Grotte. Freier Eintritt. Auch Autobusverbindung.

Sankt Peter – Cité – Secours, route des Carrierès-Peyramale, eine Gründung der frz. Caritas, Telefon 94381. Sie steht jedermann offen, ohne Rücksicht auf Alter, Herkunft, Beruf und Konfession. Unentgeltlicher Aufenthalt für 5 Tage und 5 Nächte. Eröffnet 1956. Jährlich ca. 13000 Pilger. Sechs Pavillons, einer für Familien, Speisesaal, Schlafsäle, Kapelle = Kopie des Schafstalls von Bartrès, wo einst Bernadette Schafe hütete. Am Fuß des Béout, 15 Minuten von der Grotte entfernt. Kostenloser Car-Dienst bei der Permanence der Secours Catholique, gegenüber dem Josefstor (Führungen: 9–11 Uhr; 14–18 Uhr).

Spaziergänge außerhalb der Stadt

Bartrès, 3 km von Lourdes, auf dem Weg nach Tarbes (Str. 21). In diesem Dorfe war Bernadette bei Frau Marie Laguès als Kind. Ebenso 1857–1858. Dorfkirche, Schäferhütte, historische Grabhügel, poueys genannt, (vom lat. podium – Hügel).

Béout, 700 m, 1,5 km außerhalb Lourdes gegen Südwesten. Tram, Autobus, 20 Minuten zu Fuß (Str. 21), Drahtseilbahn.

Pic du Jer, gegenüber dem Béout, 900 m. Tram, Autobus, 20 Minuten zu Fuß. Drahtseilbahn. Bequeme Fußwege. Bei Nacht das 15 m hohe Gipfelkreuz erleuchtet. Rundsicht über Lourdes und die Gegend. Ausblick auf Tarbes, Pau, Pontacq und Argelès, Pyrenäenkette. Bei guter Sicht Pic du Midi de Bigorre (2877 m), Mont Aigu (2391 m), Vignemale (3298 m). Orientierungstafel. Zu empfehlen!

See von Lourdes, gegen Nordwesten, 3 km von der Stadt entfernt; Landstraße in Richtung Pau (Str. 640). 421 m über dem Meeresspiegel. 1300 m lang, 500 m breit, 8–11 m tief. Umfang 6 km. Dampfboote, Ruderboote. Gasthaus (Karpfen und Aale). Empfehlenswert!

Tagesausflüge

Nach Nordosten: Tarbes (Str. 21). 19 km von Lourdes; am linken Ufer des Gave; Jardin Massy (exotische Pflanzen), Denkmal des Dichters Théophile Gautier (1811–72), Geburtshaus des Marschall Foch (1851–1929); romanische Kathedrale, Taufbrunnen (13. Jahrhundert). Sitz des Bischofs von Tarbes und Lourdes. Flughafen Tarbes – Ossun – Lourdes. Zucht des anglo-arabischen „Pferdes von Tarbes".

Nach Nordwesten: Betharram, 15 km von Lourdes (Str. 637) an der Bahnlinie nach Pau. Wallfahrtsstätte. Name kommt von beau-rameau, schöner Zweig. Ein Mädchen war in den Gave gefallen und rief in seiner Not die heilige Jungfrau an; der Ast eines Baumes beugte sich herab, durch den sie sich retten konnte. Die Eltern schenkten als Weihegeschenk einen Zweig mit goldenen Blättern. Votivgeschenke: Kopfbedeckung des Papstes Gregor XVI. (1831–1846), das Barett des Erzbischofs Affre von Paris, der in der Revolution 1848 als Herold des Friedens starb, der Mantel des frommen Schriftstellers de Ségur u. a. m. Kalvarienberg und die berühmten Grotten. Freier Eintritt, Besichtigung etwa 1½ Stunden. Fünf Stockwerke in Steinformationen, unterirdischer Fluß, kurze Bootfahrt, Versteinerungen. Sehr empfehlenswert.

Pau, 36 km von Lourdes entfernt. Alte Hauptstadt der Grafschaft Béarn. Bedeutender Sommer- und Winterkurort. Seit 1820 bekannt als Erholungsort der englischen Aristokratie. Schloß mit Schlafzimmer Heinrichs IV., der hier am 14. Dez. 1553 geboren wurde. (Offen von 10 bis 12 und 13.30 bis 17 Uhr.) Stadtmuseum. Stadtgarten, Bernadette-Museum, 2 Flugplätze.

Bayonne, 137 km von Lourdes entfernt. Bahn, Autobuslinien. Bayonne ein Touristenzentrum, an der Adour gelegen; Marienkathedrale, begonnen 1258; altes Schloß auf römischen Grundmauern erbaut; Baskisches und Bonnat Museum.

8 km davon entfernt, am Atlantischen Ozean, das Weltbad Biarritz. Winterkurort und Thermalbäder.

Nach Süden: Straße 21 führt in das sehenswerte Argelèstal (15 km). Dort Schwefelquellen gegen Hautkrankheiten, Bronchitis, chronischen Rheumatismus. 3 km weiter gegen Süden Saint-Savin, frühere Abtei, die mindestens bis ins 9. Jh., zurückgeht. Kirche und Kapitelsaal aus dem 12. Jahrh. Grab des hl. Savinus (nach der Legende Vetter Karls des Großen).

15 km weiter südlich Cauterets, ein 932 m hoch gelegenes Pyrenäenbad. 22 Quellen liefern täglich 1 500 000 Liter schwefelhaltiges Wasser. Von dort Ausflüge zu den Wasserfällen (1 km), Kaskaden von Ceresey (3,5 km) und zur Spanischen Brücke (8 km).

Gavarnie kann man direkt von Lourdes mit dem Omnibus oder mit Privatwagen auf der Str. 21 (Fortsetzung der Str. 20, die direkt von Paris an die spanische Grenze führt) erreichen. Über Luz (31 km von Lourdes) mit Kirche aus dem 12. und 13. Jh. und die Napoleonbrücke, (65 m über dem Gebirgsfluß, 1860 erbaut) kommt man nach Gèdre, einem Ausflugszentrum bei Gavarnie. Gavarnie, 51 km von Lourdes; Sommerfrische, Denkmal des Pyrenäenbesteigers Graf Russel, kleine Kirche aus dem 12. Jh., dort auch die Quelle des Pau.

Von dort in 2 Stunden zu Fuß oder auf Mulis zum Cirque de Gavarnie, dem berühmtesten Ausflugsort der Pyrenäen. Zu einem Amphitheater sich formende Felsen (1600 m). Schartige, tote Krater mit einem Umfang von 14 km (in den Pyrenäen, ‚oulles' genannt).

Denkmal Franz Schraders, Geologen und Pyrenäenforschers (1844–1924). Die Wasserfälle (422 m), die bemerkenswertesten von Europa.

Von Gavarnie aus (1357 m) Aufstieg auf: den Vignemale (3298 m), Mont Perdu (3600 m), Brèche de Roland (3194 m), Massif du Marboré (2352 m).

Nach Südosten: Bagnères-de-Bigorre, 26 km von Lourdes. Bahn und Autobus. Thermalquellen für Rheuma und Nerven; Wollwarenfabriken, Gemäldegalerie, Jakobinerturm, Klosterruinen aus dem 12. Jahrhundert. Aufstieg zum Pic du Midi in 5 Stunden (2877 m).

In der Nähe die 1948 entdeckten Grotten von Médous, die von dem Schweizer Höhlenforscher F. Herzog als die drittschönsten der Welt bezeichnet wurden (1 km lang, davon 250 m im Kahn auf dem unterirdischen Adour).

Der *Nationalpark* der Pyrenäen, der sich auf 100 km entlang der spanischen Grenze erstreckt, wurde 1967 angelegt. Er lehnt sich an den spanischen Nationalpark von Ordessa an. Auf seinen 50 000 Hektar, dessen höchste Erhebung der Vignemale ist, zeigt er das schönste frz. Naturreservat: die letzten Bären (ca. 30), die letzten Luchse, eine Herde von 1500 Pyrenäengemsen (isards) und Arten riesiger Vögel. Natürlich auch eine Auswahl auserlesener Flora. Manche Höhenpflanzen findet man nur noch in arktischen Regionen.

RUNDFAHRT DURCH FRANKREICH

Von Straßburg über Paris bis Lourdes

Als erste Schranke zwischen Deutschland und Frankreich durchqueren wir die Vogesen, das linksrheinische Spiegelbild unseres Schwarzwaldes. Ein mit Buchen, Tannen und Kastanienwäldern durchsetztes Land, wo neben reger Industrie (Textil – Maschinen – chemische Fabriken, Sägewerke) auch malerisches Kleinstadtleben herrscht. Um befestigte Dörfer herum gedeihen berühmte Weine, (Riesling, Traminer, Gentil). Im ersten Weltkrieg war dieses Land Schauplatz hartnäckiger Kämpfe.

Am *Straßburger Münster* wirkten französische und deutsche Baumeister einträchtig zuzusammen. Es gilt als eines der ehrwürdigsten Denkmäler des Mittelalters, z. T. von Erwin von Steinbach erbaut (1180 romanisch begonnen, ab 1250 hochgotisches Langhaus. Nordturm erst 1419 vollendet.) Unübertrefflich bildnerischer Schmuck. Im Mittelalter war Straßburg ein Herd der Mystik (Meister Eckehart) und des Humanismus.

Außer dem Münster sind in der Altstadt noch sehenswert: St. Stephan (1200/30), St. Thomas (1230/1330), Jung-St.Peter (12./13. Jh.) altes Kaufhaus (1358), altes Rathaus (1522/85) und ehemaliges bischöfliches Barockschloß (1730/42).

Die Landschaft vom Westrand der Vogesen bis zur Champagne ist *Lothringen*. Als Stufenland senkt es sich

langsam zum Pariser Becken; Klima, Regenmenge und fruchtbare Böden begünstigen den Ackerbau. Wein gedeiht an den linken Moselhängen. Heimindustrie, Metallverarbeitung, Salzabbau, Glas- und Porzellanmanufakturen und in den großen Vogesentälern Textilindustrie. Lothringen ist ein typisches Durchgangs- und Übergangsland. Daher die vielen alten Festungen wie Epinal, Toul, Verdun, Metz und Sedan. *Lunéville* folgt mit dem Schloß der Herzöge von Lothringen (1706), wo 1801 der Friede zwischen Napoleon und Österreich unterzeichnet wurde; Fayenceindustrie, die schon im 18. Jahrhundert berühmt war. *Nancy*, ehemalige Residenz und Hauptstadt des Herzogtums Lothringen ist dank der nahen Eisenerzlager und als Brennpunkt der Verkehrswege zwischen Rhein und Seine nach Straßburg die größte Stadt Nordostfrankreichs. Bischofssitz und Universität. Durch die Barockkathedrale, die Wallfahrtskirche Notre-Dame-de Bon-Secours, den gotischen ehemaligen Herzogspalast und Plätzen mit Gebäuden im französisch klassischen Stil eine der schönsten Städte Ostfrankreichs. In der Umgebung Hochöfen und Walzwerke. Wir überqueren die Meuse. Sie fließt an Domrémy, der Heimat der Jungfrau von Orléans (1412–1431), vorbei und bespült die Felder, wo Jeanne d'Arc beim Hüten der Schafe himmlische Stimmen vernahm, die ihr befahlen, das Land zu retten.

Vom Hof und den Heerführern verlassen, wurde sie 1430 von den Burgundern gefangen, an die Engländer ausgeliefert und 1431 in Rouen verbrannt. Eine Revision des Prozesses 1456 ergab ihre Unschuld; 1920 heiliggesprochen; Schutzpatronin Frankreichs.

Die *Champagne* ist die Landschaft des Krieges und der großen Schlachten, wo das Blut der Völker Europas die Erde tränkte. Aber auch das Land der international bekannten Weine von Reims, Épernay und Champaubert. Jedermann kennt den Champagner, der von Natur aus nicht schäumt, sondern erst moussiert nach Anwendung eines Verfahrens, das durch den Kellermeister Dom Pérignon aus der Abtei Hautvillier im 17. Jahrhundert vervollständigt wurde.

Man unterscheidet die Champagne humide (feucht) im Osten, bewaldet und gut besiedelt und die Champagne pouilleuse (lausig) im Westteil mit trockenem und durchlässigem Boden. Nur am Westsaum gedeiht der berühmte Wein.

Im ersten Weltkrieg war hier ein Hauptkampfgebiet. Die Franzosen bezeichnen den überraschenden Rückzug der Deutschen auf die Aisne-Linie am 12. September 1914 als „das Wunder an der Marne".

In der Gegend von Châlons sind die katalaunischen Schlachtfelder, wo 451 der Hunnenkönig Etzel (Attila) von den vereinigten Römern, Westgoten und Alanen geschlagen wurde.

Das *Pariser Becken* mit Brie, der „Getreidekönigin", einem Kalkplateau zwischen Seine und unterer Marne (Vieh, Wein, Butter und Käse) und Beauce, einer Kornkammer Frankreichs und bedeutender Schafzucht.

Paris liegt in der Mitte des Beckens. Jahrhundertelang eine Welthauptstadt, nicht nur wirtschaftlicher Mittelpunkt, sondern auch Spiegelbild des politischen und geistigen Lebens des Landes. Einst Siedlung der keltischen Pariser (Lutetia Parisiorum) und Mittelpunkt römischer Macht in Gallien. Städtebaulich ist Paris großenteils das Werk von Haußmann (1853–1870). Er schuf die breiten Boulevards, die sich in riesigen Sternplätzen vereinigen, die führenden Bauwerke und die ordnende Einheitlichkeit.

Bei klarem Wetter sieht man von der Ferne den Eiffelturm und den Montmartre. Das Hauptwerk der Früh- und Hochgotik ist die fünfschiffige Kathedrale Notre-Dame mit dreistöckiger Westfassade. Für einen Besucher von Paris sind ein „Muß": Champs-Elysées, Ile de la Cité, Quartier Latin, Tuilieriengarten, Place de la Concorde (Obelisk von Luxor), Place de l'Etoile (größter Triumphbogen der Welt), Eiffelturm, Hôtel-Dieu (gegründet im 6. Jh., nach Christus), Notre-Dame (12. Jh.) Louvre, Sainte-Chapelle, Panthéon, Madeleine-Kirche, Hôtel des Invalides, Bastille, Friedhof Père Lachaise.

Mit seinen Vororten ist Paris auch der vielseitigste Industrieraum Frankreichs (Kunst- und Luxusindustrie; Metall-, Maschinen-, Lederindustrie, jährliche Muster- und Spezialmessen). Manche Wallfahrer und Touristen nehmen einen Umweg über *Lisieux*, westlich von Paris, nicht allzu weit entfernt von Le Havre, im Département Calvados. Nebst Lourdes und Ars der meistbesuchte

Wallfahrtsort Frankreichs. Die Stadt wird von der großartigen Basilika mit dem Grab der hl. Theresia vom Kinde Jesu beherrscht. Dort auch das Karmelitinnenkloster der Heiligen. Beide wurden von den Zerstörungen des zweiten Weltkrieges verschont.

Chartres bildet die nördliche Begrenzung des Pariser Beckens. Seine Kathedrale, deren Türme man von ferne sehen kann, ist die früheste der großen gotischen Schöpfungen und eine der schönsten Bauschöpfungen aller Zeiten. Sie wurde zwischen 1194 und 1225 erbaut. Ihre Glasmalereien sind die besten, die seit dem 13. Jahrhundert gefertigt wurden. Die Kathedrale ist dem Erlöser geweiht: das Königsportal seiner Verherrlichung, das Nordportal dem Kommen des Messias, das Südportal dem Neuen Testament, der Chorumgang (40 Gruppen mit 200 Statuen) Christus und seiner Mutter. Die Krypta ist die älteste Wallfahrtsstätte Frankreichs.

Nach Durchquerung einer nur schwachbesiedelten und von dürftiger Heide und Wäldern wenig abwechslungsreich gestalteten Gegend kommen wir zum fruchtbaren und rebenumsäumten *Loiretal*. Die Loire ist der größte Fluß Frankreichs, der in 1400 m Höhe in den Zentralcevennen entspringt, das Zentralplateau in engen Tälern und Klammen durchbraust, in weitem Bogen das wald- und sumpfreiche Hügelland durch-

fließt und nach 1000 km bei St.-Nazaire in den Atlantischen Ozean mündet.
Orléans an der Loire, im letzten Krieg ziemlich stark beschädigt, Stadt der Jeanne d'Arc, die dort im Jahre 1429 die Belagerung durch die Engländer sprengte und beim Angriff verwundet wurde. Das Zentrum der Stadt bildet der Place du Martroi mit einer Reiterstatue ihrer Befreierin. Die Kathedrale wurde von den Kalvinisten 1568 zerstört, aber im 17. Jahrhundert wieder aufgebaut. Auf dem Weg nach Blois liegen eine Anzahl bekannter *Schlösser* an der Loire: *Chambord*, wo Ludwig XIV. große Feste gab, *Chaumont* aus dem 15. Jahrhundert, *Chevernay* (1634), *Amboise*, das im Jahre 1539 Karl V. beherbergte. Alle diese Schlösser liegen auf der linken Seite des Flusses.

Auf dem rechten Loireufer zieht sich amphitheatralisch *Blois* auf den Hügeln hin mit dem Schloß der

französischen Könige, eines der schönsten architektonischen Beispiele der italienischen Renaissance. Die Freitreppe des Schlosses und die zweimal gewundene Innentreppe des Schlosses von Chambord gelten als die baulichen Meisterwerke des Loire-Tales. Diese Loireschlösser waren die Zeugen königlicher Fehden, amouröser Abenteuer, Meuchelmorde, Verschwörungen und

Verrat, aber auch höfischer Künste und manchmal sogar echter Frömmigkeit. Von Blois aus führte der Knabe Stephan den Kinderkreuzzug gegen Süden (1212), auf dem Tausende von deutschen und französischen Knaben und Mädchen schon auf dem Weg nach Marseille zugrunde gingen oder als Sklaven nach Alexandria verkauft wurden.

Die Gegend um *Tours* bietet ein vielfältiges forst- und landwirtschaftliches Bild. Ausgedehnte Jagdgebiete mit Wildenten, Wildgänsen und Wasserhühnern. Tours erinnert an den hl. Martin, der hier um das Jahr 400 als Bischof starb. Fast ebenso bekannt ist der andere Bischof, Gregor von Tours (538–599), der die Geschichte der Franken auf lateinisch schrieb. Die Vaterstadt des Satirikers, Arztes und Priesters Rabelais (1494–1553),  des Philosophen Descartes (1596–1650), des Dichters Alfred de Vigny (1797–1864) und des Romanschriftstellers Balzac (1799–1850).

Die Zwetschgen Tours sind ebenso geschätzt wie seine eingemachten Früchte und seine Fleischkonserven.

Hinter *Châtelleraut* an der Vienne wurde im Jahre 732 die große Sarazenenschlacht geschlagen, in der Karl Martell, der fränkische Hausmeier, Sieger blieb. Bald sind wir im alten Pictavium, der Stadt *Poitiers*. Dort lebte und wirkte der hl. Hilarius, Kirchenlehrer, dem auch eine Kirche geweiht ist (11.–12. Jahrhundert, bekannt wegen ihrer sieben Schiffe). Erwähnenswert die Kirche der hl. Radegund, gest. 587, einer deutschen Prinzessin. Ihr Seelenführer war der christlich lateinische Dichter Venantius Fortunatus, dessen Hymnen „Pange lingua gloriosi" und „Vexilla regis prodeunt" heute noch in der Passionszeit gesungen werden.

Zwischen Poitiers und Angoulême liegt ein Dörfchen, wo der hl. Martin das erste Kloster Frankreichs errichtete, Ligugé, heute noch eine Abtei. Im Kirchturm dieses Klosters hatte sich eine der originellsten Persönlichkeiten des 16. Jahrhunderts eingenistet, der Satiriker Rabelais, zuerst Franziskaner, dann Benediktiner, schließlich Weltpriester und Mediziner.

Das ganze Gebiet nennt man das *Poitou*. Es war zu allen Zeiten ein Durchgangsland, nicht nur für die Völkerwanderung, sondern auch für die Wallfahrer nach Compostela, dem Heiligtum des Apostels Jakobus in Nordwestspanien. Das Land ist nicht besonders reich, wenig Industrie, jedoch Landwirtschaft. Die Vendée, der westliche Teil des Poitou, hat noch bis heute die Erinnerung an den ungeheuren Aufruhr bewahrt, der die Hinrichtung Ludwigs XVI. im Jahre 1792 begleitete. Die „Chouans" (die sich durch den Ruf des Käuzchens, chouette, verständigten) der Vendée versuchten eine Gegenrevolution, die auf barbarische Weise unterdrückt wurde. Die Vendée und das Poitou sind die Landschaft der Sagen, Märchen, alter Traditionen und der romanischen Kirchen.

Die Straße kreuzt die Charente vor *Angoulême*. Es beherrscht mit seiner prachtvollen romanischen Kathedrale von ihrer Höhe das ganze Charente-Tal, und die berühmte Papierindustrie ernährt neben dem Weinhandel ihre Bewohner. Weiter unten am Flußlauf werden die bekanntesten französischen Branntweine hergestellt wie „Fine Champagne" und vor allem „Cognac". Das Städtchen Cognac liegt mitten im Weinbaugebiet. Der graue Belag auf den Häusern rührt von einem Schimmelpilz, der durch die Alkoholdämpfe verursacht wird. Die Bauweise erinnert schon mehr an den Süden; Licht und Sonne werden kräftiger, die große Kiefer der Mittelmeerländer mit breitschirm-förmiger Krone, die Pinie, taucht auf.

An der Mündung des Isle in die Dordogne liegt ein bekanntes Weinzentrum, *Libourne*, nur 31 km von Bordeaux entfernt. Die bekanntesten Marken sind der Pomerol und der Fronsac.

Bordeaux ist der bedeutendste Seehafen Frankreichs am Atlantik und der Mittelpunkt aller Weine, die sich „Bordeaux" nennen. Das alte Burdigal war schon im 4. Jahrhundert die Metropole Aquitaniens. Über das luxuriöse und sittenlose Leben der damaligen Zeit berichtet uns der römische Dichter Ausonius. Sein Schüler war der spätere hl. Paulinus, Bischof von Nola (353–431), Hymnendichter und Freund des hl. Augustinus. Auch Montaigne, Dichter und Moralist (1689–1755), war ein Kind der Stadt. Die Besichtigung von Saint-Seurin ist zu empfehlen (12.–15. Jh). Die Fassade ist zwar modern, überdeckt jedoch ein Portal aus dem 11. Jahrhundert. In der Krypta befindet sich eine Art Museum mit Sarkophagen aus dem 6. Jahrhundert, Steinen aus dem Chor des 8. und 9. Jahrhundert u. a. m.

Das *Bordelais* ist schon lange eine Weingegend. Griechen und Römer brachten den Einwohnern die Kultur der Rebe. Mitten in den Weinbaugebieten des Grèves liegt das Schloß de la Brède, in dem Montesquieu, der berühmte französische philosophisch-politische Schriftsteller und Wegbahner einer wissenschaftlichen Geschichtsschreibung wohnte (1689–1755).

Die Weinberge des Bordelais verschwinden und machen den Kiefern Platz, je weiter wir nach Süden kommen.

Der Boden ist sandig, und wir befinden uns am Eingang der *„Landes"*, dem Heideland, eine Gegend, die uns an den märkischen und pommerschen Sandboden erinnert. Dieses einstmals eintönige, sumpfige Land, wo Hirten auf hohen Stelzen ungeheure Schafherden überwachten und dabei die Zeit mit Strümpfestricken verbrachten, ist zwar auch heute noch schwach besiedelt, aber durch Aufforstung von Kiefernwaldungen (seit 1789) wirtschaftlich gehoben. Im Jahre 1830 wurde es trockengelegt, im Jahre 1851 führte man den Harztopf ein. Die Bewohner dieses Teiles der *Gascogne* sind meist patriarchalisch lebende Schäfer, Rinderhirten und Harzgewinner. In dieser Gegend wurde Vinzenz von Paul (1581–1660) geboren, der Apostel und neuzeitliche Organisator christlicher Nächstenliebe, der Stifter der Barmherzigen Schwestern (Vinzentinerinnen, 1633).

Hier ist Siedlungsland der Basken, deren Volkstum aus dem spanischen Gebiet herübergreift. Bei *Dax* erreichten wir die *Adour*. Ein alter Bischofssitz (vom 3. Jahrhundert bis 1801, wiedererrichtet 1933), der sich noch gallo-romanischer Außenwälle mit großen runden Türmen rühmt, ist dort wegen seiner Heilquellen bekannt. Fast 7 km nordöstlich von Dax liegt der Geburtsort des hl. Vinzenz, Saint-Paul-lès-Dax.

Die nächste Stadt ist *Orthez* am Gave de Pau mit einer Anzahl mittelalterlicher Häuser. Wir befinden uns mitten im *Bearner Gebiet*, das von alters her seine völkischen Eigenarten pflegt. Der Bearner Dialekt ist eine Abart des Gascognischen und hat seine eigenen Dichter (Despourrins im 18. und Nararrot im 19. Jh.). Der Bearner gilt auch als der zäheste Fußgänger Europas. Diese spanisch-französische Landschaft beiderseits der westlichen Pyrenäen bildete einst das Königreich Navarra, dessen Hauptteil 1548 an die Bourbonen und 1589 an die französische Krone kam (unter Heinrich IV.).

Die alte Hauptstadt von Bearn ist *Pau* (s. S. 104). Die frühere Grafschaft *Bigorre* umfaßte Tarbes, Lourdes, Bagnères und Barèges.

Von Lourdes über Avignon nach Straßburg

Die südliche Grenze Frankreichs wird von den *Pyrenäen* gebildet, einer 100 km breiten Faltungszone und Grenzscheide. Die Westpyrenäen, ein Hochplateau von mittlerer Gebirgshöhe, sind das Weideland der Basken; die Ostpyrenäen mit ihren kahlen Felsbergen zeigen mehr mediterranen Charakter. Ein Haupterzeugnis des immer feuchten, aber sonnigen Bodens der Gascogne ist der Mais. Bekannt ist das Land auch wegen seiner Gänsezucht. Die Gänse bilden in ganz Frankreich das traditionelle Essen am Heiligen Abend. Der größte wirtschaftliche Vorteil des Landes ergibt sich aus dem zunehmenden Fremdenverkehr und vor allem aus dem internationalen Wallfahrtsort Lourdes.

Wir nehmen die Richtung gegen Norden (Tarbes, S. 103) um dann gegen Osten an den Oberlauf der Garonne zu kommen. Dort liegt *Saint-Gaudens*, dessen Kollegiatkirche aus dem 11. Jahrhundert eine kleinere Kopie von Saint-Sernin in Toulouse darstellt. Dieses Städtchen mit dem schönen Blick auf die Pyrenäen hat auch noch eine wirtschaftliche Bedeutung für die Gegend: dort befindet sich nämlich die Zentrale für Petroleum- und Gasverteilung zwischen Pau und Toulouse. In den 500 km langen Leitungen werden täglich 20 Tonnen Petroleum und 600 000 cbm Gas befördert.

Toulouse an der Garonne. Man nennt die Gegend zwischen der Gascogne und dem Mittelmeer die *Languedoc* (wo man „oc" statt „oui" für „ja" sagt). Das Land war zu Beginn des 13. Jahrhunderts die Heimat der französischen Minnesänger, der Troubadours. Zu gleicher Zeit begannen in Toulouse die grausamen Religionskriege (1209). Diese Stadt hat eine uralte Geschichte. Der keltisch-ligurische Ort wurde 106 v. Chr. von den Römern eingenommen. Im 3. Jahrhundert brachte der hl. Saturninus (Sernin) das Christentum in die Gegend. Im 5. Jahrhundert war es die Hauptstadt der Westgoten, die von Chlodwig im Jahre 507 geschlagen und nach Spanien vertrieben wurden. Nach den Albigenserkriegen des 13. Jh. wurde die ganze Grafschaft der Krone einverleibt, wobei jedoch Toulouse selber bis 1790 seine Selbstverwaltung behielt. Die sehenswerteste Kirche ist Saint-Sernin, eine ehemalige Benediktinerabtei. Sie gilt als die größte und besterhaltene romanische Kirche Frankreichs. 150 Jahre jünger ist die Jakobinerkirche (1230), die mit ihren zwei Schiffen zu den ältesten dieser Art zählt. Aus der gleichen Zeit stammt die St. Stephans-Kathedrale (Saint-Etienne), deren ursprünglicher Bau schon gegen 1100 stand. Von den weltlichen Sehenswürdigkeiten ist das Historische Museum zu nennen, das zu den besten in ganz Europa gehört. Ein ehemaliger Hirte der Toulouser Gegend wurde Papst, Benedikt XII. (1134–1242), der in Avignon residierte.

Von Toulouse ab kann man den Canal du Midi entlangfahren, der sich über 242 km bis Sète am Mittelmeer hinzieht. Bereits 1681 unter Colbert, dem Finanzminister Ludwigs XIV. erbaut, ist er heute für den Verkehr nicht mehr bedeutend.

Carcassonne, am Canal du Midi und der Aude, bildet mit der Oberstadt auf dem Burgfelsen, der doppelten Ummauerung und den 53 Wehrtürmen den einzigartigen Eindruck einer befestigten mittelalterlichen Stadt. Sie soll ihren Namen von einer jungen Sarazenin haben, die Car-

cas hieß und allein die Stadt gegen das Heer Karls des Großen verteidigte. Tatsächlich waren die Sarazenen die Herren von Carcassonne von 725 bis 750. In den Albigenserkriegen (1209–1229) war der Vicegraf von Carcassonne einer der Hauptanhänger der Sekte, bis ihn schließlich die königlichen Truppen zur Übergabe zwangen. Ludwig der Heilige gründete 1247 die Unterstadt als Verwaltungszentrum. Die Kirche Saint-Nazaire besteht deutlich aus zwei Bauabschnitten: der mächtigen romanischen Konstruktion des Schiffes aus dem Jahre 1096 und dem Querschiff mit Chor 200 Jahre später in nordgotischem Stil.

Bei Carcassonne tritt der Ölbaum auf (Olivenbaum) und deutet auf das nahe Mittelmeer hin. Man sieht auch Weinfelder und zahlreiche Industrien (Papier, Steinkohle, Wollwebereien). Seit den Religionskriegen sind in dieser Gegend die meisten Protestanten Frankreichs zu finden. Albi war im 12. und 13. Jahrhundert der Hauptsitz der Sekte der Albigenser.

Wechselreich wie das Landschaftsbild mit Gebirgen und Flachland, mit Strand und Tälern, mit reichen Äckern und öden Strecken ist auch der Charakter der Bewohner der Languedoc: auf der einen Seite ernst und schweigsam, auf der anderen temperamentvoll und fröhlich, die einen strenggläubig wie im Mittelalter, die anderen liberal und freidenkerisch.

Narbonne am See Sijean (früher ein Golf) ist voller historischer Erinnerungen. Gegründet im Jahre 118 v. Chr. unter dem Namen Narbo-Martius, wurde es bald christianisiert und war vom 4. Jahrhundert bis 1790 ein Erzbistum. Einst der größte Stapelplatz Südfrankreichs, ist es heute der Kreuzungspunkt der Fernstrecken Paris–Barcelona und Bordeaux–Nizza. Von der Pracht des alten Narbonne blieb nur noch der Palast des Erzbischofs, heute Museum und die Kathedrale Saint-Just, deren Chor schon aus dem 13. Jahrhundert stammt, die aber bis heute noch nicht vollendet ist.

Von wirtschaftlicher Bedeutung sind die großen Imkereien Narbonnes, die einen vorzüglichen Honig liefern. Das etwas mehr nördlich gelegene *Béziers* ist von riesigen Weinbergen umgeben. Zugleich eines der bedeutendsten Handelszentren in Wein und Spirituosen.

Die Kirche Saint-Nazaire bietet Baustile aus den galloromanischen Zeiten (Fries eines heidnischen Tempels) über alle Jahrhunderte hinweg bis zum Beginn der Französischen Revolution.

Über *Agde*, einem kleinen Fischerhafen mit einer aus Lava gebauten Kirche des 12. Jahrhunderts, kommen wir bei *Sète* (Cette) ans Meer (Frankreich hat an die 4000 km Meeresküste). Gegen Norden erblickt man den Gebirgszug der Cevennen. Sète ist nach Marseille der wichtigste Handelshafen an der französischen Mittelmeerküste, bekannt wegen seiner Faßbinderei. Auf dem Matrosenfriedhof ruht der Dichter und Lyriker Paul Valéry (1871–1945). Er selbst hat diesen „Cimetière Marin" in einem seiner Gedichte besungen. Die Stadt selbst ist verhältnismäßig jung. Sie entstand als Ausgangspunkt des Canal du Midi im Jahre 1666 unter Ludwig XIV.

Auf dem Wege nordwärts kann man bei hellem Wetter den 1567 m hohen Gipfel des Aigoual in den Cevennen sehen, ja sogar die Alpen jenseits der Rhône und die Pyrenäen im Süden. *Montpellier* ist eine der schönsten Universitätsstädte des Südens und besitzt die älteste medizinische Fakultät Frankreichs (1221).
Die nächste Großstadt ist *Nîmes*. Sie verdankt ihre Entstehung einer Quelle, die unter Augustus (63

v. Chr. bis 14 n. Chr.)
dem Gott Nemausus geweiht wurde. Die germanische Invasion vernichtete diese einst als schön und prächtig bekannte römische Siedlung. Dort 1567 ein Blutbad unter den Katholiken. Zwischen 1939 und 1945 mehrere
Bombardements. Nîmes besitzt 4 römische Monumente: das Amphitheater, einen Tempel, der heute als antikes Museum dient, den Jardin de la Fontaine mit der dem Gotte Nemausus geweihten Quelle und dem „Großen Turm" aus dem Jahre 50 v. Chr. und dem Dianatempel mit wertvoller Dekoration. Die Kathedrale des hl. Castor, deren Turm aus dem 11. Jahrhundert stammt, wurde während des 19. Jh. völlig neugebaut. Bedeutende Männer der Stadt waren der Kaiser Antoninus Pius (2. Jh. n. Chr.) und der Diplomat Jean Nicot (1530–1600), der die Tabakpflanze aus Portugal einführte und nach dem das Nikotin benannt ist.

Mit *Beaucaire* und *Tarascon* beginnt die *Provence*, die südostfranzösische Landschaft zwischen unterster Rhône, Seealpen und Mittelmeer. Wein-, Maulbeer- und Olivenkulturen sind ihr wirtschaftlicher Reichtum. Beaucaire und Tarascon sind durch eine Hängebrücke verbunden. Letzteres ist vor allem bekannt durch Daudets Spießerroman (1840–1897) Tartarin de Tarascon. Es besitzt ein mittelalterliches Schloß und die Kathedrale der hl. Martha, die aus dem Judenlande einwanderte und nach der Legende den Drachen Tarasque tötete. Der aus dem 12. Jahrhundert stammende Turm wurde 1944 durch Beschießung völlig zerstört. Nicht weit von Tarascon liegt die Heimat des provenzalischen Dichters Frédéric Mistral (1830–1914), Maillane.

Etwas nördlicher links der Rhône liegt *Avignon*, das den typisch südlichen Charakter der Mittelmeerstädte zeigt und einer der bevorzugtesten Plätze des französischen Fremdenverkehrs ist. Die päpstliche Residenz (1309-1377 bzw. 1378-1417) brachte der Stadt Reichtum und eine Anzahl bedeutender Denkmäler. Trotz 13 Bombardements im Jahre 1944 litt es nur in seinen Außenbezirken. Der päpstliche Palast ist das hervorragendste Bauwerk der Gotik des 14. Jh. In der ehemaligen päpstlichen Kapelle führt der Kustos die prachtvolle Akustik durch das selbstgesungene „Mireille-Lied" vor, das einem der Versepen Mistrals entnommen ist.

Bekannt ist die Brücke, auf der man zu Ehren des hl. Hirten Bénézet am 14. April tanzt (Sur le pont d'Avignon l'on y danse tout en rond). Sie entstand Ende des 12. Jahrhunderts und wurde 100 Jahre später mit einer romanischen Kapelle versehen. Seit dem 17. Jahrhundert ist sie durchgebrochen. Von den ehemals 22 Bogen sind nur noch drei erhalten.

Die Landschaft zwischen Rhône und Durance ist infolge eines weitverzweigten Netzes von Bewässerungskanälen sehr fruchtbar. Ihre Wiesen können drei- bis viermal jährlich gemäht werden. Es wachsen dort Pfirsiche und Feigen, Kartoffeln und Melonen, Aprikosen, Mandeln, Oliven und Wein.

Orange, das seit dem Mittelalter die Herrschaft Oranien bildete, kam im 16. Jahrhundert an Nassau, im Frieden von Utrecht 1713 an Frankreich. Die Nassau-oranische Linie in England starb mit Wilhelm III. 1702 aus, regiert aber heute noch in den Niederlanden.

Orange weist einen schönen Triumphbogen aus dem Jahre 25 v. Chr. auf.

Gegenüber Orange auf der anderen Seite des Flusses liegt *Bagnols*, Geburtsort von Rivarol (1753-1801), bissiger Schriftsteller, glänzender Vertreter des Ancien Régime und Gegner der Französischen Revolution. Er starb in Berlin. Etwas nördlicher liegt *Pont-Saint-Esprit* mit seiner berühmten Brücke über die Rhône, die mit ihren 25 Bogen eine Länge von 900 m hat. Sie wurde von der Brüderschaft der Brückenbauer (Frères Pontifs) zwischen 1265 und 1307 errichtet. Seither hat sie einige Änderungen erfahren, 1944 wurde sie durch Bomben beschädigt.

Bourg Saint-Andéol, nur 15 km weiter nördlich, wurde im letzten Krieg ebenfalls schwer mitgenommen. Bemerkenswerte romanische Kirche mit den Reliquien des hl. Andéol aus dem 3. Jahrhundert. Die Gegend ist abwechslungsreich: Trümmer und Ruinen, Schlösser, Kirchen und Kathedralen, Dörfer und Städte auf Felsen und Hügeln. Rechts sehen wir die Kette der Seealpen, die Berge der Dauphiné und die Hochalpen, links die Höhenzüge der Cevennen. Oberhalb Avignon tritt das gelbliche Felsengebirge der Vaucluse nahe heran. Vor *Valence* nimmt die Rhône die Wasser der Drôme und der Ouvèze auf und zwängt sich noch vor Montélimar durch den Engpaß von Donzère.

Valence liegt auf einem Hügel mit dem Blick auf die Rhône. Romanische Kathedrale aus dem 11. Jahrhundert, die nach ihrer Zerstörung in den Religionskriegen in ihrem ursprünglichen Plan wieder aufgebaut wurde. Die Stadt hat einen Ruf in Herstellung von Seide (Maulbeerbaumkulturen) und Teigwaren.

Zwischen Valence und Tournon mündet die Isère, aus dem Gebiet des Mont-Cénis kommend, in die Rhône. Sie durchfließt die *Dauphiné* mit Grenoble und der Grande Chartreuse mit dem weltberühmten Kloster gleichen Namens (vom hl. Bruno und seinen ersten Kartäusermönchen 1084 gegründet. Bekannter Kräuterlikör).

Wir fahren weiter nordwärts und kommen nach *Vienne* an den steilen Ufern der Rhône. Einst eine gallo-
romanische Stadt, wetteifer-

te sie bis zur Revolution mit Lyon. Dort ein gut erhaltener Tempel des Augustus und seiner Gattin Livia. Die frühere Kirche St. Peter ist eines der ältesten kirchlichen Gebäude in Frankreich, heute ein Museum. St. Maurice entstand zwischen dem 12. und 15. Jahrhundert. Im Süden der Stadt steht auf den Höhen eine Pyramide, die vom Volk als Denkmal des Pontius Pilatus bezeichnet wird. Er wurde 36 n. Chr. von Judäa und Samaria abberufen und soll nach dem Vater der Kirchengeschichte Eusebius (263–339) in Vienne Selbstmord begangen haben. Die Legende sagt, er habe sich vom Felsen in die Rhône gestürzt. Der dahinter liegende Berg heißt „Mont Pilat", nicht zu verwechseln mit dem Pilatus, dem bekannten Aussichtsberg über dem Vierwaldstätter See.

Am Zusammenfluß der Rhône mit der Saône liegt *Lyon* an der Kreuzung der Nordsüd- und Ostwest-Richtung Frankreichs. Seit ältesten Zeiten nicht nur Verkehrsknotenpunkt zwischen Paris und Marseille, Bordeaux und Genf, sondern auch Haupthandelsplatz der berühmten Lyoner Seide. Das alte Lugdunum wurde nach der Eroberung Galliens durch Cäsar (43 v. Chr.) gegründet. Der hl. Pothinus gilt als der Missionar des Christentums (177 n. Chr.). Unter Philipp

dem Schönen kam es 1312 an die französische Krone. Im 15. Jahrhundert führten Italiener die Seidenindustrie ein. Im letzten Kriege gab man ihr den Ehrentitel: „Stadt des Widerstandes".

Wie Sacré-Coeur in Paris schaut von einem Hügel die Basilika von Fourvière auf die Stadt herunter. Wie Sacré-Coeur ist sie das Ergebnis eines Gelübdes vom 8. Oktober 1870 und ein beliebter Wallfahrtsort. Im Inneren der Stadt interessiert der Place Bellecour, die erzbischöfliche Kathedrale Saint Jean, begonnen 1176, und die römischen Theater, die 1933 ausgegraben wurden. Im übrigen wird der Stadtcharakter mehr als durch ihr Zentrum durch die vielen Arbeitersiedlungen betont, die sich um den Kern der Stadt ziehen.

Von Lyon aus erreicht man die in der christlichen Welt bekannte Pfarrei *Ars*, das Wirkungsfeld des hl. Johann Baptist *Vianney*. Er wurde im Jahre 1786 geboren, war zuerst Hirt und Bauer, dann Lehrer und Priester und seit 1818 Pfarrer von Ars. Dort bekehrte er seine durch die Wirren der Revolution vollkommen verdorbene Pfarrei. Als weitgesuchter Beichtvater und Prediger von übernatürlicher Gewalt übte er den größten Einfluß auf die Seelen seiner Untergebenen aus. Als er im Jahre 1859 starb, galt er allgemein schon als Heiliger und Patron der Seelsorger. Sein Fest wird am 4. August gefeiert.

Das Dorf *Ars-sur-Formans* im Département Ain bietet dem Pilger eine Anzahl ehrwürdiger Heiligtümer und Sehenswürdigkeiten.

1. *die alte Kirche.* Sie wurde von Vianney in armseligem Zustand übernommen und ausgebaut. Links die Kapelle der hl. Engel; die Kapelle der hl. Philomena, deren Kult Vianney als erster in Frankreich einführte (Philomena war eine Jungfrau-Märtyrin zu Beginn des 2. Jahrhunderts n. Chr.); die Kanzel, auf der Vianney 25 Jahre lang jeden Sonntag predigte. Sein Grabdenkmal, der Platz wo er vom 16. August 1859 bis 17. Juni 1904 ruhte. Vor diesem ereigneten sich verschiedene wunderbare Heilungen; die Kapelle des hl. Johann Baptist. Darin der Beichtstuhl des Heiligen. – Rechts: die Sakristei; hier bereitete Vianney meist seine Predigten vor. Die Kapelle der Heiligen Jungfrau; das Gestühl für den Katechismusunterricht: hier saßen die Vertreter des katholischen Frankreichs zu den Füßen des hl. Lehrers. Die Kapelle Ecce Homo.

2. *die neue Kirche.* Das Querschiff mit der Jagdkapelle. Statue des Heiligen. Der Chor ist der Heiligen Philomena geweiht. Die Seitenkapellen des heiligsten Herzens Jesu und des hl. Joseph.

3. *der alte Pfarrhof.* Den Hof nannte Vianney seinen „Bois de Boulogne" (Erholungsort der Pariser). Das Speisezimmer, das zu Zeiten des Pfarrers auch Küche war, mit kleinen Erinnerungen an den früheren Hausherrn. Das Schlafzimmer im Zustande wie beim Tod des Heiligen mit seinem Spiegel, der Laterne und dem Wassertopf. Das Gastzimmer und heutiges Reliquienzimmer.

4. *die Kapelle des Herzens* mit Statue und Herzreliquiar Vianneys.

5. *das Denkmal des Zusammentreffens* im Süden von Ars auf einem kleinen Hügel. Dort hatte ein Hirtenknabe dem neuankommenden Pfarrer am 9. Februar 1818 im Nebel den rechten Weg nach Ars gezeigt. Das Denk-

mal erinnert an das Wort Vianneys: „Mein Freund, du hast mir den Weg nach Ars gezeigt, ich werde dir den Weg zum Himmel weisen."

6. der wundertätige *Backtrog* in der Kapelle der Vorsehung, wo der Heilige einmal wunderbarerweise für seine Waisenkinder das Brot vermehrt hatte.

Zwischen Saône und Ain kommen wir in den Jura. Dieser Teil des südlichen Burgund heißt La Bresse, früher ein großer See, heute eine Ebene fruchtbaren Schwemmlandes. Der Hauptort ist *Bourg-en-Bresse*, während der Sommermonate ein Anziehungspunkt für Touristen wegen der prächtigen Kirche von Brou. Sie wurde zwischen 1513 und 1532 auf Befehl Margarets von Österreich gebaut, der Tochter Maximilians und Witwe Philibert des Schönen, Herzogs von Savoyen. Sie war als Grabdenkmal für ihren früh verstorbenen Gemahl, sie selber und ihre Schwiegermutter, Margaret von Bourbon, gedacht. Die Kirche ist das reichste Produkt des sogenannten Flamboyant-Stil, der französischen und englischen Spätgotik des 15. Jahrhunderts mit flammenähnlichen Gliedern im Maßwerk. Das nebenanstehende ehemalige Kloster von Brou beherbergt das Heimatmuseum des Bezirks Ain.

Über *Lons-le-Saunier* mit einer aus dem 11. Jahrhundert stammenden romanischen Kirche des hl. Desiderius und *Arbois*, dem Geburtsort des Chemikers und Bakteriologen Louis Pasteurs und berühmten Juraweinbergen, gelangen wir nach Besançon, der früheren Hauptstadt der *Franche-Comté*. Es ist das bergige Massiv zwischen Frankreich und Schweiz, der Jura, der einer riesigen Treppe gleich sich von der Saône bis zum Genfer See hinzieht. Mit seinen Hochebenen ist er ein Hirtenland, über seine großen Hochflächen ziehen zweimal im Jahre die Zugvögel hinweg, ein Land der Forellen und des langen Winters. Die Franche-Comté ist auch ein bekanntes Käseland und seine zwei Spezial-

gerichte, die „Gaude" (dicke, musartige Maissuppe) und die „potée comtoise" (Suppe aus Ochsenfleisch, Speck, geräucherter Bauernwurst, Schafsknochen und

Gemüsen) spielen in der weitgerühmten Gastfreundschaft der rauhen Jurabewohner eine Rolle.
Besançon liegt malerisch an einem Felsen, den die Doubs umfließt und der von einer Zitadelle gekrönt ist. Eine Sehenswürdigkeit ist das Marstor aus dem Jahre 167 n. Chr. und die Kathedrale Saint-Jean, eine eindrucksvolle Mischung romanischer und gotischer Bauformen. Besançon, das seit 1678 französisch ist, stellt auch das Hauptkontingent der Uhrenindustrie des Jura.
Belfort, die ehemalige Festung als Wacht an der Bresche zwischen Jura und Vogesen, ist als die „Burgundische Pforte" bekannt. Dort Eisen-, Leder- und Textilindustrie. Zur Erinnerung an die glänzende Verteidigung gegen die Deutschen 1870/71 wurde der „Löwe von Belfort" in den Felsen gehauen.
Ca. 20 km nordwestlich von Belfort ist ein lohnendes Ziel die Wallfahrtskirche von *Ronchamp*, Notre-Dame-du-Haut; sie wurde im zweiten Weltkrieg zerstört, von Le Corbusier zwischen 1950 und 1954 in einer ausdrucksvollen Baukomposition neuerbaut. Le Corbusier, französisch-schweizer Architekt, beeinflußte die meisten modernen Baumeister. Er starb 1965.
Wir fahren in Richtung *Mülhausen* (franz. Mulhouse) im Elsaß, an der Mündung der Doller in die Ill. Es ist der Hauptsitz der elsässischen Textilindustrie. Bedeutende Kaliwerke. Die elsässische Ebene ist von sprichwörtlicher Fruchtbarkeit. Bei *Kolmar* baut man Korn, Gerste, Tabak, Hopfen und Zuckerrüben. Kolmar bezeichnet

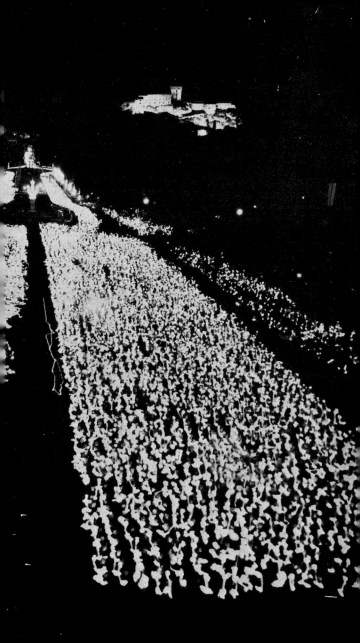

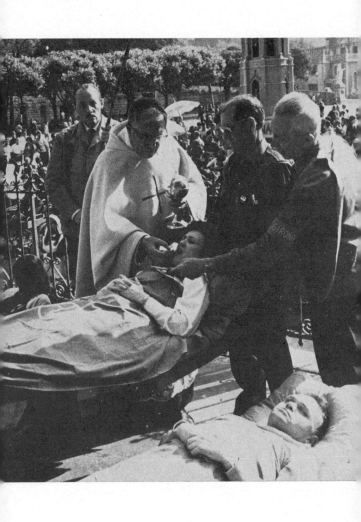

man auch als „Klein Venedig", seine Altstadt ist fast unversehrt. Weltbekannt ist der Kolmarer Altar, der im früheren Kloster der Dominikaner von Unterlinden zu sehen ist. Dort auch eine wertvolle Sammlung der Rheinischen Schule des 15. Jahrhunderts (Grünewald, Schongauer, Isermann). In der Kirche des hl. Martin (gebaut von 1237–1366) befindet sich „die Jungfrau in der Rosenlaube" von Martin Schongauer.

Wir schließen den Ring unserer Wallfahrt mit der Ankunft in *Straßburg*, das man die liebenswürdigste und einnehmendste mittelalterliche Stadt genannt hat. Schon von weitem grüßt uns der 142 m hohe Turm des Münsters, des einzigartigen Wahrzeichens des Elsaß.

Wer den Sterbeort der Bernadette Soubirous besuchen möchte, zweige von Orléans oder Tours aus nach *Nevers* ab. Nevers, das römische Noviodunum, ist die Hauptstadt des Département Nièvre an der Mündung der Nièvre in die Loire. Heute eine Stadt von 46 000 Einwohnern. Alter Bischofssitz seit 506.

Die romanische Kirche stammt aus dem 11., die Kathedrale aus dem 13. Jahrhundert. Bedeutende Porzellan- und Metallindustrie.

Im Kloster St. Gildard lebte Bernadette seit 1867 unter dem Namen Schwester Marie Bernard. Von jetzt ab war sie unzugänglich für Besuche und Befragungen. Nur Lasserre hatte freien Zutritt. Er berichtet von ihr aus der damaligen Zeit: „Sie bewahrte die ganze Frische und Natürlichkeit eines Kindes, nahm zu an Frömmigkeit wie an Weisheit, ertrug ihr namenloses Leiden mit der Geduld der Märtyrer, betete wie ein Engel und vervollkommnete sich immer mehr."

Hier starb sie am 16. April 1879 mit den Worten: „Heilige Maria, Mutter Gottes, bitte für mich arme Sünderin!"

Im Chor der Klosterkirche von St. Gildard befindet sich ihr Grab.

LITURGIE DER MESSE

Erscheinung der Unbefleckten Jungfrau in Lourdes
11. Februar 1858

Lied (S. 148 oder 149) oder Introitus

Ich sah die heilige Stadt, das neue Jerusalem, von Gott her aus dem Himmel herabgekommen; sie war bereit wie eine Braut, die sich für ihren Mann geschmückt hat.

Offb 21, 2

P: Im Namen des Vaters und des Sohnes und des Heiligen Geistes. Amen.

P: Der Herr sei mit euch.

G: Und mit deinem Geiste.

Oder:

P: Die Gnade unseres Herrn Jesus Christus, die Liebe Gottes, des Vaters, und die Gemeinschaft des Heiligen Geistes sei mit euch.

G: Und mit deinem Geiste.

Oder:

P: Gnade und Friede von Gott, unserm Vater, und dem Herrn Jesus Christus sei mit euch.

G: Und mit deinem Geiste.

Einführung in die Meßfeier
Schuldbekenntnis

Bevor wir das Gedächtnis des Herrn begehen, wollen wir uns besinnen. Wir bekennen, daß wir gesündigt haben.

Oder:

Bevor wir das Wort Gottes hören und das Opfer Christi feiern, wollen wir unser Herz bereiten und Gott um Vergebung bitten.

Oder:

Damit wir das Gedächtnis des Herrn recht begehen, prüfen wir uns selbst und bekennen unsere Schuld.

Oder:

Zu Beginn dieser Meßfeier wollen wir uns besinnen und das Erbarmen des Herrn auf uns herabrufen.

Ich bekenne Gott, dem Allmächtigen, und allen Brüdern und Schwestern, daß ich Gutes unterlassen und Böses getan habe – ich habe gesündigt in Gedanken, Worten und Werken – durch meine Schuld, durch meine Schuld, durch meine große Schuld.
Darum bitte ich die selige Jungfrau Maria, alle Engel und Heiligen und euch, Brüder und Schwestern, für mich zu beten bei Gott, unserm Herrn.

Oder Form B:

P: Erbarme dich, Herr, unser Gott, erbarme dich.
A: Denn wir haben vor dir gesündigt.
P: Erweise, Herr, uns deine Huld.
A: Und schenke uns dein Heil.

Oder Form C:

V: Herr Jesus Christus, du bist vom Vater gesandt, zu heilen, was verwundet ist: Herr, erbarme dich (unser).
A: Herr, erbarme dich (unser).
V: Du bist gekommen, die Sünder zu berufen: Christus, erbarme dich (unser).
A: Christus, erbarme dich (unser).
V: Du bist zum Vater heimgekehrt, um für uns einzutreten: Herr, erbarme dich (unser).
A: Herr, erbarme dich (unser).

Bitte um Vergebung

P: Der allmächtige Gott erbarme sich unser. Er lasse uns die Sünden nach und führe uns zum ewigen Leben.

A: Amen.

Oder:

P: Nachlaß, Vergebung und Verzeihung unserer Sünden gewähre uns der allmächtige und barmherzige Herr.

A: Amen.

Oder:

P: Herr, nimm von uns unsere Schuld und laß uns mit reinem Herzen diese Feier begehen.

A: Amen.

V: Herr, erbarme dich (unser).

A: Herr, erbarme dich (unser).

V: Christus, erbarme dich (unser).

A: Christus, erbarme dich (unser).

V: Herr, erbarme dich (unser).

A: Herr, erbarme dich (unser).

Lied (S. 145 oder S. 150)

Das Gloria

Ehre sei Gott in der Höhe
und Friede auf Erden den Menschen seiner Gnade.
Wir loben dich,
wir preisen dich,
wir beten dich an,
wir rühmen dich und danken dir,
denn groß ist deine Herrlichkeit:
Herr und Gott, König des Himmels,
Gott und Vater, Herrscher über das All,
Herr, eingeborener Sohn, Jesus Christus.

Herr und Gott, Lamm Gottes, Sohn des Vaters,
du nimmst hinweg die Sünde der Welt:
erbarme dich unser;
du nimmst hinweg die Sünde der Welt:
nimm an unser Gebet;
du sitzest zur Rechten des Vaters:
erbarme dich unser.
Denn du allein bist der Heilige,
du allein der Herr,
du allein der Höchste:
Jesus Christus,
mit dem Heiligen Geist,
zur Ehre Gottes des Vaters.
Amen.

Barmherziger Gott, in unserer Schwachheit suchen wir bei dir Hilfe und Schutz. Höre auf die Fürsprache der jungfräulichen Mutter Maria, die du vor der Erbschuld bewahrt hast, und heile uns von aller Krankheit des Leibes und der Seele. Durch unsern Herrn Jesus Christus, deinen Sohn.

Lesung Offb 11, 19; 12, 1–10

aus der Geheimen Offenbarung des Johannes.

Der Tempel Gottes im Himmel wurde geöffnet, und in seinem Tempel wurde die Lade seines Bundes sichtbar: Blitze, Stimmen und Donner entstanden, Beben und gewaltiger Hagel. Da erschien ein großes Zeichen am Himmel: Eine Frau, umgeben von der Sonne, den Mond unter ihren Füßen, und ein Kranz von zwölf Sternen auf ihrem Haupte. Da hörte ich eine laute Stimme im Himmel rufen:

Jetzt ist gekommen die Rettung und die Macht
und die Herrschaft unseres Gottes
und die Vollmacht seines Gesalbten.

Liturgie der Messe 134

Zwischengesang oder Graduale:
V: Alleluja. A: Alleluja. V: Laß mich schauen dein Angesicht, laß den Laut deiner Stimme mich hören! Süß ist deine Stimme und dein Antlitz ist schön! A: Alleluja.
D/P: Der Herr sei mit euch.
G: Und mit deinem Geiste.
D/P: † Aus dem heiligen Evangelium nach Lukas.
G: Ehre sei dir, o Herr.

Lk 1, 26–31

In jener Zeit wurde der Engel Gabriel von Gott in die Stadt Nazaret in Galiläa zu einer Jungfrau gesandt. Sie war mit einem Mann namens Josef verlobt, der aus dem Hause David stammte, und ihr Name war Maria. Der Engel trat bei ihr ein und sagte: Sei gegrüßt, du Begnadete, der Herr ist mit dir! Sie erschrak über diese Anrede und überlegte, was dieser Gruß zu bedeuten habe. Da sagte der Engel zu ihr: fürchte dich nicht, Maria; denn du hast vor Gott Gnade gefunden. Du wirst ein Kind bekommen, einen Sohn wirst du gebären; dem sollst du den Namen Jesus geben.
Herr, durch dein Evangelium nimm hinweg unsere Sünden.

Homilie und Glaubensbekenntnis

Das Apostolische Glaubensbekenntnis
Ich glaube an Gott,
den Vater, den Allmächtigen,
den Schöpfer des Himmels und der Erde,
und an Jesus Christus,
seinen eingeborenen Sohn, unsern Herrn,
empfangen durch den Heiligen Geist,
geboren von der Jungfrau Maria,
gelitten unter Pontius Pilatus,
gekreuzigt, gestorben und begraben,
hinabgestiegen in das Reich des Todes,

am dritten Tage auferstanden von den Toten,
aufgefahren in den Himmel:
er sitzt zur Rechten Gottes,
des allmächtigen Vaters;
von dort wird er kommen,
zu richten die Lebenden und die Toten.
Ich glaube an den Heiligen Geist,
die heilige katholische Kirche,
Gemeinschaft der Heiligen,
Vergebung der Sünden,
Auferstehung der Toten
und das ewige Leben.
Amen.

Fürbitten

Liebe Schwestern und Brüder!
Wir gedenken heute der ersten Erscheinung der Unbefleckten Gottesmutter in Lourdes am 11. Februar 1858. Maria, die Gnadenvolle, sei uns Fürsprecherin bei ihrem göttlichen Sohn, unserem Mittler beim Vater.
Herr Jesus Christus, Sohn der Jungfrau Maria!
Laß uns – wie Maria, deine Mutter – mit Geduld und Ausdauer auf dem Pilgerweg des Glaubens voranschreiten – wir bitten dich, erhöre uns!
Erbarme dich unseres Volkes, laß uns den Adel eines reinen Herzens bewahren und wehre der Verführung unserer Jugend...
Tröste alle Kleinmütigen, Hoffnungslosen und Kranken durch den Aufblick zu Maria, deiner Mutter...
Herr, unser Gott, im Schoße der Jungfrau hast du kunstvoll und wunderbar ein Gemach für dein Kommen bereitet; laß dich versöhnen und kaufe uns los von der Knechtsgestalt, wie du es vor Zeiten verheißen hast, damit wir dir geziemendes Lob darbringen und der ewigen Erlösung teilhaftig werden.
Durch Christus unseren Herrn.   Sacr. Veron. 1369

Bereitung

Gesang zur Bereitung (S. 145 oder 150)

Begleitgebete zur Bereitung

Gepriesen bist du, Herr, unser Gott,
Schöpfer der Welt.
Du schenkst uns das Brot,
die Frucht der Erde und der menschlichen Arbeit.
Wir bringen dieses Brot vor dein Angesicht,
damit es uns das Brot des Lebens werde.

Wie das Wasser sich mit dem Wein verbindet
zum heiligen Zeichen,
so lasse uns dieser Kelch teilhaben
an der Gottheit Christi,
der unsere Menschennatur angenommen hat.

Gepriesen bist du, Herr, unser Gott,
Schöpfer der Welt.
Du schenkst uns den Wein,
die Frucht des Weinstocks und der menschlichen Arbeit.
Wir bringen diesen Kelch vor dein Angesicht,
damit er uns der Kelch des Heiles werde.

Herr, wir kommen zu dir mit reumütigem Herzen
und mit demütigem Sinn.
Nimm uns an und gib, daß unser Opfer dir gefalle.

Herr, wasche ab meine Schuld,
von meinen Sünden mach mich rein.

Gabengebet

Priester:
Betet, Brüder und Schwestern,
daß mein und euer Opfer
Gott, dem allmächtigen Vater, gefalle.

Alle:

Der Herr nehme das Opfer an
aus deinen Händen
zum Lob und Ruhm seines Namens,
zum Segen für uns
und seine ganze heilige Kirche.

Vater im Himmel, sei mit uns in deinem Sohn, der Mensch geworden ist aus der Jungfrau Maria. Wie seine Geburt die Jungfräulichkeit der Mutter nicht gemindert, sondern geheiligt hat, so heilige auch uns durch seine Menschwerdung; nimm von uns alle Schuld und mache unsere Gaben dir angenehm. Durch Christus, unsern Herrn.

Präfation

P: Der Herr sei mit euch.
G: Und mit deinem Geiste.
P: Erhebet die Herzen.
G: Wir haben sie beim Herrn.
P: Lasset uns danken dem Herrn, unserm Gott.
G: Das ist würdig und recht.

Zweites Hochgebet

Der Priester singt oder spricht die Präfation.

In Wahrheit ist es würdig und recht, dich, allmächtiger Gott, in deinen Heiligen zu preisen und das Werk deiner Gnade zu rühmen. Denn du hast Großes getan an der Jungfrau Maria und allen Menschen Barmherzigkeit erwiesen. Du hast geschaut auf die Niedrigkeit deiner Magd und durch sie der Welt den Heiland geschenkt, unsern Herrn Jesus Christus. Durch ihn preisen wir jetzt und in Ewigkeit dein Erbarmen und singen mit den Chören der Engel den Hochgesang von deiner Herrlichkeit:

Liturgie der Messe

Lied (S. 146 oder 150)

Heilig, heilig, heilig, Gott, Herr aller Mächte und Gewalten. Erfüllt sind Himmel und Erde von deiner Herrlichkeit. Hosanna in der Höhe. Hochgelobt sei, der da kommt im Namen des Herrn. Hosanna in der Höhe.

Der Priester breitet die Hände aus und spricht:

Ja, du bist heilig, großer Gott, du bist der Quell aller Heiligkeit.

An Sonn- und Festtagen kann hier ein kurzes Gebet aus dem Meßbuch eingefügt werden.

(Darum bitten wir dich:) Sende deinen Geist auf diese Gaben herab und heilige sie, damit sie uns werden Leib †
und Blut deines Sohnes, unseres Herrn Jesus Christus.
Denn am Abend, an dem er ausgeliefert wurde und sich aus freiem Willen dem Leiden unterwarf, nahm er das Brot und sagte Dank, brach es, reichte es seinen Jüngern und sprach:

NEHMET UND ESSET ALLE DAVON: DAS IST MEIN LEIB, DER FÜR EUCH HINGEGEBEN WIRD.

Ebenso nahm er nach dem Mahl den Kelch, dankte wiederum, reichte ihn seinen Jüngern und sprach:

NEHMET UND TRINKET ALLE DARAUS: DAS IST DER KELCH DES NEUEN UND EWIGEN BUNDES, MEIN BLUT, DAS FÜR EUCH UND FÜR ALLE VERGOSSEN WIRD ZUR VERGEBUNG DER SÜNDEN. TUT DIES ZU MEINEM GEDÄCHTNIS.

P: Geheimnis des Glaubens:

G: Deinen Tod, o Herr, verkünden wir, und deine Auferstehung preisen wir, bis du kommst in Herrlichkeit.

Darum, gütiger Vater, feiern wir das Gedächtnis des Todes und der Auferstehung deines Sohnes und bringen dir so das Brot des Lebens und den Kelch des Heiles dar. Wir danken dir, daß du uns berufen hast, vor dir zu stehen und dir zu dienen. Wir bitten dich: Schenke uns Anteil an Christi Leib und Blut, und laß uns eins werden durch den Heiligen Geist.

Gedenke deiner Kirche auf der ganzen Erde, und vollende dein Volk in der Liebe, vereint mit unserem Papst N., unserem Bischof N. und allen Bischöfen, unseren Priestern und Diakonen und mit allen, die zum Dienst in der Kirche bestellt sind.

An bestimmten Tagen und bei verschiedenen Anlässen kann hier eine besondere Bitte aus dem Meßbuch eingefügt werden.

Gedenke (aller) unserer Brüder und Schwestern, die entschlafen sind in der Hoffnung, daß sie auferstehen. Nimm sie und alle, die in deiner Gnade aus dieser Welt geschieden sind, in dein Reich auf, wo sie dich schauen von Angesicht zu Angesicht.

Vater, erbarme dich über uns alle, damit uns das ewige Leben zuteil wird in der Gemeinschaft mit der seligen Jungfrau und Gottesmutter Maria, mit deinen Aposteln und mit allen, die bei dir Gnade gefunden haben von Anbeginn der Welt, daß wir dich loben und preisen durch deinen Sohn Jesus Christus.

Durch ihn und mit ihm und in ihm ist dir, Gott, allmächtiger Vater, in der Einheit des Heiligen Geistes alle Herrlichkeit und Ehre jetzt und in Ewigkeit!

G: Amen.

Kommunion

Gebet des Herrn

Dem Wort unseres Herrn und Erlösers gehorsam und getreu seinem Auftrag, wagen wir zu sprechen:

Oder:

Lasset uns beten, wie der Herr uns zu beten gelehrt hat.

Oder:

Wir heißen nicht nur Kinder Gottes: wir sind es. Darum dürfen wir voll Vertrauen sprechen:
Vater unser im Himmel ...
Erlöse uns, Herr, allmächtiger Vater, von allem Bösen und gib Frieden in unseren Tagen. Komm uns zu Hilfe mit deinem Erbarmen und bewahre uns vor Verwirrung und Sünde, damit wir voll Zuversicht das Kommen unseres Erlösers Jesus Christus erwarten.
Denn dein ist das Reich und die Kraft und die Herrlichkeit in Ewigkeit. Amen.

Friedensgruß

Der Herr hat zu seinen Aposteln gesagt: Frieden hinterlasse ich euch, meinen Frieden gebe ich euch. Darum bitten wir:
Herr Jesus Christus, schau nicht auf unsere Sünden, sondern auf den Glauben deiner Kirche und schenke ihr nach deinem Willen Einheit und Frieden.
Der Friede des Herrn sei allezeit mit euch.

Gemeinde: Und mit deinem Geiste.

Das Sakrament des Leibes und Blutes Christi schenke uns ewiges Leben.

Lied (S. 146 oder 151)

Herr Jesus Christus, Sohn des lebendigen Gottes, dem Willen des Vaters gehorsam, hast du im Heiligen Geist durch deinen Tod der Welt das Leben geschenkt. Erlöse mich durch deinen Leib und dein Blut von allen Sünden und allem Bösen. Hilf mir, daß ich deine Gebote treu erfülle, und laß nicht zu, daß ich mich jemals von dir trenne.

Oder:

Herr Jesus Christus, der Empfang deines Leibes und Blutes bringe mir nicht Gericht und Verdammnis, sondern Segen und Heil.

Seht das Lamm Gottes, das hinwegnimmt die Sünden der Welt.

Herr, ich bin nicht würdig, daß du eingehst unter mein Dach, aber sprich nur ein Wort, so wird meine Seele gesund.

Selig, die zum Mahl des Lammes geladen sind.

Kommuniongesang:

Großes hat der Mächtige an mir getan. Sein Name ist heilig. Lk 1, 49

Schlußgebet:

Herr, unser Gott, am Fest der seligen Jungfrau Maria hast du uns durch dieses heilige Mahl mit dir vereinigt. Wir bitten dich: Erfülle uns mit Freude über unsere Erlösung und laß uns wachsen in deiner Gnade. Durch Christus, unsern Herrn.
Der Herr sei mit euch.
Gemeinde: Und mit deinem Geiste.

Segen und Entlassung

Es segne euch Gott durch Christus, den Sohn der jungfräulichen Mutter Maria. (A. Amen.)

Sie hat den Urheber des Lebens geboren; ihre mütterliche Fürsprache helfe euch allezeit. (A. Amen.)

Ihr Fest hat uns zusammengeführt; es schenke uns Freude und ewigen Lohn. (A. Amen.)

Das gewähre uns der dreieinige Gott, der Vater † und der Sohn und der Heilige Geist.

Lied (S. 147 oder 151)

II. Marienmesse

Eröffnungsgesang

Selig bist du, Jungfrau Maria. Du hast den Schöpfer der Welt getragen. Du hast den geboren, der dich erschuf, und bleibst Jungfrau in Ewigkeit.

Tagesgebet

Barmherziger Gott, du kennst unsere Schwachheit und Not. Auf die Fürsprache der seligen Jungfrau Maria nimm von uns die Last unserer Sünde, richte uns auf und verzeihe uns. Durch unsern Herrn Jesus Christus, deinen Sohn.

Oder:

Gütiger Gott, höre auf die Fürsprache der Jungfrau Maria und befreie uns aus allen Gefahren. Laß uns froh werden in deinem Frieden. Durch unsern Herrn Jesus Christus, deinen Sohn.

Gabengebet

Herr, unser Gott, wir ehren Maria, die uns Christus geboren hat, den Erlöser der Welt. Die Feier seines Opfers mache auch uns zu einer Gabe, die für immer dir gehört. Durch ihn, Christus, unsern Herrn.

Kommunionvers

Selig preisen mich alle Geschlechter, denn Gott hat sich in Liebe zu seiner Magd geneigt. Lk 1, 48

Schlußgebet

Barmherziger Gott, am Gedenktag der seligen Jungfrau Maria hast du uns mit dem Brot des Himmels gestärkt. Laß uns einst mit Maria und allen Heiligen teilnehmen am Mahl des ewigen Lebens. Darum bitten wir durch Christus, unseren Herrn.

III. Für die Einheit der Christen

Eröffnungsgesang

So spricht der Herr: Ich bin der gute Hirt; ich kenne die Meinen, und die Meinen kennen mich, wie mich der Vater kennt und ich den Vater kenne; und ich gebe mein Leben für meine Schafe. Joh 10, 14–15

Tagesgebet

Allmächtiger Gott, du führst zusammen, was getrennt ist, und bewahrst in Einheit, was du geeinigt hast. Schau mit Erbarmen auf alle, die durch die eine Taufe geheiligt sind und Christus angehören. Mache sie eins durch das Band des unversehrten Glaubens und der brüderlichen Liebe. Durch unsern Herrn Jesus Christus, deinen Sohn.

Oder:

Herr und Gott, du Freund der Menschen, gieße von neuem die Gnade deines Geistes über uns aus, damit wir unserer Berufung würdig wandeln und für deine Wahrheit Zeugnis ablegen vor den Menschen. Hilf uns, daß wir voll Zuversicht nach der Einheit aller und der Gemeinschaft in der einen Kirche streben. Durch unsern Herrn Jesus Christus, deinen Sohn.

Lesung 1 Joh 4, 9–15

Lesung aus dem ersten Johannesbrief. Die Liebe Gottes wurde unter uns dadurch offenbar, daß Gott seinen einzigen Sohn in die Welt gesandt hat, damit wir durch ihn leben. Die Liebe besteht nicht darin, daß wir Gott geliebt haben, sondern daß er uns geliebt und seinen Sohn als Sühne für unsere Sünden gesandt hat.

Liebe Brüder, wenn Gott uns so geliebt hat, müssen auch wir einander lieben. Niemand hat Gott je geschaut; aber wenn wir einander lieben, bleibt Gott in uns und seine Liebe ist in uns vollendet. Daran, daß wir in ihm bleiben und er in uns bleibt, erkennen wir: Er hat uns von seinem Geist gegeben. Wir aber haben gesehen und bezeugen, daß der Vater den Sohn gesandt hat als Retter der Welt. Wer bekennt, daß Jesus der Sohn Gottes ist, in dem bleibt Gott, und er bleibt in Gott.

2. Zwischengesang

(Alleluja.)
Die Kirche des Herrn ist wie ein Licht,
das überall leuchtet.
Sie ist der eine Leib Christi; Alleluja.

Evangelium nach Mattäus Mt 18, 19–22

Jesus sagte zu seinen Jüngern: Alles, was zwei von euch auf Erden gemeinsam erbitten, werden sie von meinem Vater im Himmel erhalten. Denn wo zwei oder drei in meinem Namen versammelt sind, da bin ich mitten unter ihnen. Da trat Petrus zu ihm und fragte: Herr, wie oft muß ich meinem Bruder vergeben, wenn er sich gegen mich versündigt? Siebenmal? Jesus sagte zu ihm: Nicht siebenmal, sondern siebenundsiebzigmal.

Fürbitten

Liebe Brüder und Schwestern!
Lasset uns beten zum Dreieinigen Gott, daß er der Kirche Christi Frieden und Einheit schenke: laß alle, die den Namen Christi tragen, eins sein in der Wahrheit, die du selber bist ... wir bitten dich, erhöre uns!
Wehre allen Spaltungen, Ärgernissen und Irrlehren ...
Lehre uns, die Freiheit und das Gewissen anderer zu achten ...
Schenke dem Nachfolger Petri, allen Bischöfen und Theologen Weisheit, Demut und Güte ...
Bewahre uns vor aller Überheblichkeit gegenüber den getrennten Brüdern ...
Nimm alle unsere Toten auf in dein himmlisches Reich ...

Gott, himmlischer Vater, du willst, daß wir einmütig in deinem Hause wohnen; beseitige in deiner Nachsicht, was uns entzweit, und laß uns mit deiner mächtigen Hilfe eines Herzens werden. Durch Christus, unsern Herrn. Sacr. Gelas. 1522

Gabengebet

Herr und Gott, Jesus Christus hat sich ein für allemal zum Opfer dargebracht und dir so das eine Bundesvolk erworben. Wir bitten dich: Gewähre deiner Kirche Einigkeit und Frieden. Durch Christus, unsern Herrn.

Kommuniongesang

Wir viele sind ein Leib; denn wir alle haben teil an dem *einen* Brot und dem *einen* Kelch. **Vgl.** 1 Kor 10, 17

Schlußgebet

Herr, die heilige Gabe, die wir empfangen haben, bewirkt und verheißt uns die Einheit. Wir bitten dich: Gib, daß alle, die an dich glauben, eins werden in der Gemeinschaft der einen Kirche. Durch Christus, unsern Herrn.

LIEDER UND GEBETE

Gloria

Gott in der Höh sei Preis und Ehr, den Menschen Fried auf Erden, die durch die Gnade immer mehr von ihm geheiligt werden! Dich loben wir, dich ehren wir, dich beten an und preisen wir und sagen Dank dir allezeit, Gott, Vater, Herr der Herrlichkeit!

Opferung

1. Wir weihn der Erde Gaben dir, Vater, Brot und Wein; das Opfer hoch erhaben wird Christus selber sein.

Er schenkt dir hin sein Leben, gehorsam bis zum Tod,
uns Arme zu erlösen aus tiefer Schuld und Not.
2. Sieh gnädig auf uns nieder, die wir in Demut nahn;
nimm uns als Christi Brüder mit ihm zum Opfer an.
Laß rein uns vor dir stehen, von seinem Blut geweiht,
durch Kreuz und Tod eingehen in deine Herrlichkeit.

Sanctus

Heilig, heilig, heilig ist Gott, der Herr der Heere. Erfüllt sind Himmel und Erde von Seiner Herrlichkeit. Hosanna in der Höhe!
Gebenedeit sei, der da kommt im Namen des Herrn! Hosanna in der Höhe!

Agnus Dei

1. 2. S: Christe, du Lamm Gottes, A: der du trägst die Schuld der Welt, erbarm dich unser! [zweimal]
3. S: Christe, du Lamm Gottes, A: der du trägst die Schuld der Welt, gib uns deinen Frieden, gib uns deinen Frieden!

Kommunion

1. O Jesu, all mein Leben bist du, ohne dich nur Tod. Meine Nahrung bist du, ohne dich nur Not. Meine Freude bist du, ohne dich nur Leid. Meine Ruhe bist du, ohne dich nur Streit, o Jesu!

2. O Jesu, all mein Glaube bist du, Ursprung allen Lichts. Meine Hoffnung bist du, Heiland des Gerichts. Meine Liebe bist du, Trost und Seligkeit. All mein Leben bist du, Gott der Herrlichkeit, o Jesu!

3. O Jesu, meine Rettung bist du, ohne dich kein Heil. Mein Verlangen bist du, gib an dir mir teil! Meine Speise bist du hier in dieser Zeit. Meine Wonne bist du in der Ewigkeit, o Jesu!

1. **Ich will dich lieben,** meine Stärke, ich will dich lieben, meine Zier, ich will dich lieben mit dem Werke und immerwährender Begier; ich will dich lieben, schönstes Licht, bis mir das Herz im Tode bricht.

2. Erhalte mich auf deinen Stegen und laß mich nicht mehr irregehn; laß meinen Fuß auf deinen Wegen nicht straucheln oder stillestehn; erleucht mir Leib und Seele ganz mit deines Himmelslichtes Glanz!

3. Ich danke dir, du wahre Sonne, daß mir dein Glanz das Licht gebracht; ich danke dir, du Himmelswonne, daß du mich froh und frei gemacht. Ich danke dir, du güldner Mund, daß du mein Herze machst gesund.

1. **Lobe den Herren,** den mächtigen König der Ehren! Lob ihn, o Seele, vereint mit den himmlischen Chören! Kommet zuhauf, Psalter und Harfe, wacht auf, lasset den Lobgesang hören!

2. Lobe den Herren, der alles so herrlich regieret, der dich auf Adlers Fittichen sicher geführet, der dich erhält, wie es dir immer gefällt! Hast du nicht dieses verspüret?

3. Lobe den Herren, der künstlich und fein dich bereitet, der dir Gesundheit verliehen, dich freundlich geleitet! In wieviel Not hat nicht der gnädige Gott über dir Flügel gebreitet!

4. Lobe den Herren und seinen hochheiligen Namen! Lob ihn mit allen, die von ihm den Odem bekamen! Er ist dein Licht, Seele, vergiß es ja nicht! Lob ihn in Ewigkeit! Amen.

1. Maria, breit den Mantel aus, mach Schirm und Schild für uns daraus; laß uns darunter sicher stehn, bis alle Stürm vorübergehn! 1.-6. Patronin voller Güte, uns allezeit behüte!

2. Dein Mantel ist sehr weit und breit, er deckt die ganze Christenheit, er deckt die weite, breite Welt, ist aller Zuflucht und Gezelt.

3. Maria, hilf der Christenheit, zeig deine Hilf uns allezeit: mit deiner Gnade bei uns bleib, bewahre uns an Seel und Leib!

4. Wann alle Feind zusammenstehn, wann alle grimmig auf uns gehn, bleib du bei uns, sei du uns Schutz, so bieten wir den Feinden Trutz. Patronin voller Güte ...

5. Dein Sohn dir alles gern gewährt, was deine Lieb für uns begehrt; so bitt, daß er uns hier verschon' und droben voller Huld belohn'! Patronin voller Güte ...

6. O Mutter der Barmherzigkeit, der Gnad und aller Gütigkeit, komm uns zu Hilf zu aller Zeit, hilf uns in alle Ewigkeit! Patronin voller Güte ...

1. **Gegrüßet seist du, Königin,** o Maria! Erhabne Frau und Herrscherin, o Maria! Freut euch, ihr Cherubim, lobsingt, ihr Seraphim, grüßet eure Königin! Salve, salve, salve, Regina!

2. O Mutter der Barmherzigkeit, o Maria! sei uns gegrüßt, gebenedeit, o Maria! Freut euch ...

3. Du bist des Lebens Süßigkeit, o Maria! der Engel und der Menschen Freud, o Maria! Freut euch ...

4. Du unsre Hoffnung, sei gegrüßt, o Maria! die du der Sünder Zuflucht bist, o Maria! Freut euch ...

5. Wir Kinder Evas schrein zu dir, o Maria! aus der Verbannung rufen wir, o Maria! Freut euch ...

6. O mächtige Fürsprecherin, o Maria! bei Gott sei unsre Mittlerin, o Maria! Freut euch ...

7. Dein mildes Auge zu uns wend, o Maria! und zeig uns Jesus nach dem End, o Maria! Freut euch ...

Schubert-Messe

1. **Wohin soll ich mich wenden,** wenn Gram und Schmerz mich drücken? – Wem künd' ich mein Entzükken, wenn freudig pocht mein Herz? – Zu Dir, zu Dir, o Vater, komm ich in Freud' und Leiden; – Du sendest ja die Freuden, Du heilest jeden Schmerz.

2. Ach, wenn ich Dich nicht hätte, was wär mir Erd' und Himmel? – Ein Bannort jede Stätte, ich selbst in Zufalls Hand. – Du bist's, der meinen Wegen ein sichres Ziel verleihet – und Erd' und Himmel weihet zu süßem Heimatland.

1. **Ehre, Ehre sei Gott in der Höhe!** – singet der Himmlischen selige Schar. – Ehre, Ehre sei Gott in der Höhe! – stammeln auch wir, die die Erde gebar. – Staunen nur kann ich und staunend mich freun, – Vater, der Welten, doch stimm' ich mit ein: – Ehre sei Gott in der Höhe!

2. Ehre, Ehre sei Gott in der Höhe! – kündet der Sterne strahlendes Heer. – Ehre, Ehre sei Gott in der Höhe! – säuseln die Lüfte, brauset das Meer. – Feiernder Wesen unendlicher Chor – jubelt im ewigen Danklied empor: – Ehre sei Gott in der Höhe!

1. **Du gabst, o Herr, mir Sein und Leben** – und Deiner Lehre himmlisch Licht. – Was kann dafür ich Staub Dir geben? – [: Nur danken kann ich, mehr doch nicht. :]

2. Wohl mir! Du willst für Deine Liebe – ja nichts als wieder Lieb' allein; – und Liebe, dankerfüllte Liebe [: soll meines Lebens Wonne sein :]

3. Mich selbst, o Herr, mein Tun und Denken – und Leid und Freude opfr' ich Dir. – Herr, nimm durch Deines Sohnes Opfer – [: dies Herzensopfer auch von mir! :]

1. **Heilig, heilig, heilig,** heilig ist der Herr! – Heilig, heilig, heilig, heilig ist nur Er! – Er, der nie begonnen, Er, der immer war, – ewig ist und waltet, sein wird immerdar.

2. Heilig, heilig, heilig, heilig ist der Herr! – Heilig, heilig, heilig, heilig ist nur Er! – Allmacht, Wunder, Liebe, alles rings umher! – Heilig, heilig, heilig, heilig ist der Herr!

1. **Mein Heiland, Herr und Meister!** Dein Mund so segensreich – sprach einst das Wort des Heiles: „Der Friede sei mit euch!" – O Lamm, das opfernd tilgte der Menschheit schwere Schuld – send uns auch Deinen Frieden durch Deine Gnad' und Huld!

2. Mein Heiland, Herr und Meister, o sprich erbarmungsreich – zu uns das Wort des Heiles: „Der Friede sei mit euch!" – Send uns den Himmelsfrieden, den nie die Erde gibt, – der nur dem Herzen winket, das rein und treu Dich liebt!

Herr, Du hast mein Flehn vernommen, selig pocht's in meiner Brust; – in die Welt hinaus, ins Leben folgt mir nun des Himmels Lust. – Dort auch bist ja Du mir nahe überall und jederzeit; – allerorten ist Dein Tempel, wo das Herz sich fromm Dir weiht. – Segne, Herr, mich und die Meinen, segne unsern Lebensgang! – Alles unser Tun und Wirken [: sei ein frommer Lobgesang! :]

1. **Nun Brüder, sind wir frohgemut,** so will es Gott gefallen! Die Seelen singen uns im Blut: Nun soll ein Lob erschallen! – Wir grüßen dich in deinem Haus, du Mutter aller Gnaden. Nun breite deine Hände aus, dann wird kein Feind uns schaden.

2. Es lobt das Licht und das Gestein gar herrlich dich mit Schweigen. Der Sonne Glanz, des Mondes Schein will deine Wunder zeigen. – Wir aber kommen aus der Zeit ganz arm in deine Helle und tragen Sünde, tragen Leid zu deiner Gnadenquelle.

3. Wir zünden froh die Kerzen an, daß sie sich still verbrennen, und lösen diesen dunklen Bann, daß wir dein Bild erkennen. – Du Mutter und du Königin, der alles hingegeben, das Ende und der Anbeginn, die Liebe und das Leben.

4. Laß deine Lichter hell und gut an allen Straßen brennen! Gib allen Herzen rechten Mut, daß sie ihr Ziel erkennen! – Und führe uns in aller Zeit mit deinen guten Händen, um Gottes große Herrlichkeit in Demut zu vollenden.

Ein Haus voll Glorie schauet weit über alle Land, aus ewgem Stein erbauet von Gottes Meisterhand. Gott, wir loben dich, Gott, wir preisen dich. O laß im Hause dein uns all geborgen sein.

2. Auf Zion hoch gegründet / steht Gottes heilge Stadt, / daß sie der Welt verkündet, / was Gott gesprochen hat. / Herr, wir rühmen dich, / wir bekennen dich; / denn du hast uns bestellt / zu Zeugen in der Welt.

3. Die Kirche ist erbauet / auf Jesus Christ allein. / Wenn sie auf ihn nur schauet, / wird sie im Frieden sein. / Herr, dich preisen wir, / auf dich bauen wir; / laß fest auf diesem Grund / uns stehn zu aller Stund.

4. Seht Gottes Zelt auf Erden! / Verborgen ist er da; / in menschlichen Gebärden / bleibt er den Menschen nah. / Herr, wir danken dir, / wir vertrauen dir; / in Drangsal mach uns frei / und steh im Kampf uns bei.

5. Sein wandernd Volk will leiten / der Herr in dieser Zeit; / er hält am Ziel der Zeiten / dort ihm sein Haus bereit. / Gott, wir loben dich, / Gott, wir preisen dich. / O laß im Hause dein / uns all geborgen sein.

Gesänge bei der Sakramentsprozession

O salutaris hostia

O salutaris hostia,	O heilsam Opfer, Jesu Christ,
quae caeli pandis ostium;	den Himmel Du uns auferschließt.
bella premunt hostilia,	Noch drängt uns hier der Feinde Krieg;
da robur, fer auxilium.	hilf uns, o Herr, gib Kraft und Sieg.
Uni trinoque Domino	Dem ein'gen Gott, dreifaltig groß,
sit sempiterna gloria.	sei Dank und Ehre grenzenlos!
Qui vitam sine termino	Gib Leben, Herr, gib Seligkeit
nobis donet in patria.	im Vaterland in Ewigkeit!
Amen.	Amen.

Pange lingua *Hl. Thomas von Aquino*

Pange, lingua, gloriosi
Corporis mysterium
Sanguinisque pretiosi,
Quem in mundi pretium
Fructus ventris generosi
Rex effudit gentium.

Das Geheimnis laßt uns künden,
das uns Gott im Zeichen bot:
Jesu Leib, für unsre Sünden
hingegeben in den Tod,
Jesu Blut, in dem wir finden
Heil und Rettung aus der Not.

Nobis datus, nobis natus
Ex intacta Virgine,
Et in mundo conversatus,
Sparso verbi semine,
Sui moras incolatus
Miro clausit ordine.

Von Maria uns geboren,
ward Gott Sohn uns Menschen gleich,
kam zu suchen, was verloren,
sprach das Wort vom Himmelreich,
hat den Seinen zugeschworen:
Allezeit bin ich bei euch.

In suprema nocte coenae, / Recumbens cum fratribus, / Observata lege plene / Cibis in legalibus, / Cibum turbae duodenae / Se dat suis manibus.

Auf geheimnisvolle Weise / macht er dies Versprechen wahr; / als er in der Jünger Kreise / bei dem Osterlamme war, / gab in Brot und Wein zur Speise / sich der Herr den Seinen dar.

Verbum caro, panem verum / Verbo carnem efficit; / Fitque sanguis Christi merum, / Et si sensus deficit, / Ad firmandum cor sincerum / Sola fides sufficit.
Tantum ergo S. 163

Gottes Wort, ins Fleisch gekommen, / wandelt durch sein Wort den Wein / und das Brot zum Mahl der Frommen, / lädt auch die Verlornen ein. / Der Verstand verstummt beklommen, / nur das Herz begreift's allein.

Lauda Sion

Hl. Thomas v. Aquino

Lauda, Sion, Salvatorem, / Lauda ducem et pastorem / In hymnis et canticis.

Deinem Heiland, deinem Lehrer, / deinem Hirten und Ernährer, / Sion, stimm ein Loblied an!

Quantum potes, tantum aude: / Quia major omni laude, / Nec laudare sufficis.

Preis nach Kräften Seine Würde, / da kein Lobspruch, keine Zierde / Seiner Größe gleichen kann.

Laudis thema specialis, / Panis vivus et vitalis / Hodie proponitur.

Dieses Brot sollst du erheben, / welches lebt und gibt das Leben, / das man heut den Christen weist:

Quem in sacrae mensa coenae Turbae fratrum duodenae Datum non ambigitur.	Dieses Brot, mit dem im Saale Christus bei dem Abendmahle die zwölf Jünger selbst gespeist.
Sit laus plena, sit sonora, Sit jucunda, sit decora Mentis jubilatio.	Unser Lob soll laut erschallen und das Herz in Freuden wallen; denn der Tag hat sich genaht,
Dies enim solemnis agitur, In qua mensae prima recolitur Hujus institutio.	Da der Herr zum Tisch der Gnaden uns zum erstenmal geladen und dies Brot geopfert hat.
In hac mensa novi Regis, Novum Pascha novae legis Phase vetus terminat.	Statt des unvollkommnen Alten, statt des Osterlamms erhalten wir ein neues Sakrament.
Vetustatem novitas, Umbram fugat veritas, Noctem lux eliminat.	Sieh, der Wahrheit muß das Zeichen wie die Nacht dem Lichte weichen und das Vorbild hat ein End'.
Quod in coena Christus gessit, Faciendum hoc expressit In sui memoriam.	Was von Jesus dort geschehen, sollen wir wie Er begehen, um zu feiern Seinen Tod.
Docti sacris institutis, Panem, vinum in salutis Consecramus hostiam.	Uns zum Heile, Ihm zur Ehre weihen wir nach Seiner Lehre nun zum Opfer Wein und Brot.

Dogma datur Christianis,	Doch nach unsres Glaubens Lehren
Quod in carnem transit panis	ist das Brot, das wir verehren,
Et vinum in sanguinem.	Christi Fleisch, Sein Blut der Wein.
Quod non capis, quod non vides,	Was dem Auge sich entziehet,
Animosa firmat fides,	dem Verstande selbst entfliehet,
Praeter rerum ordinem.	sieht der feste Glaube ein.
Sub diversis speciebus,	Unter zweierlei Gestalten
Signis tantum, et non rebus,	große Dinge sind enthalten,
Latent res eximinae.	eingehüllt der Gottheit Glanz:
Caro cibus, sanguis potus:	Blut als Trank und Fleisch als Speise;
Manet tamen Christus totus	doch auf wunderbare Weise
Sub utraque specie.	wohnt in beiden Christus ganz.
A sumente non concisus,	Wer zu diesem Gastmahl eilet,
Non confractus, non divisus,	nimmt ihn ganz und ungeteilet,
Integer accipitur.	ungebrochen, unversehrt.
Sumit unus, sumunt mille:	Einer kommt und tausend kommen,
Quantum isti, tantum ille:	keiner hat doch mehr genommen
Nec sumptus consumitur.	und der Herr bleibt unverzehrt.
Sumunt boni, sumunt mali:	Fromme kommen, Böse kommen,
Sorte tamen inaequali,	alle haben ihn genommen,
Vitae vel interitus.	die zum Leben, die zum Tod.

Mors est malis, vita bonis:	Bösen wird er Straf' und Hölle,
Vide, paris sumptionis	Frommen ihres Heiles Quelle:
Quam sit dispar exitus.	so verschieden wirkt dies Brot.

Fracto demum sacramento,	Teilt man endlich die Gestalten,
Ne vacilles, sed memento,	so wird jeder Teil enthalten,
Tantum esse sub fragmento,	was das Ganze selber ist:
Quantum toto tegitur.	

Nulla rei fit scissura:	Nicht das Wesen, nur das Zeichen
Signi tantum fit fractura,	kann die Teilung hier erreichen;
Qua nec status nec statura	ungeteilt bleibt Jesus Christ.
Signati minuitur.	

Ecce panis Angelorum,	Sieh, dies ist das Brot der Kinder,
Factus cibus viatorum:	der Gerechten, nicht der Sünder,
Vere panis filiorum,	welches auch die Engel nährt.
Non mittendus canibus.	

In figuris praesignatur,	Es war schon im Mannabrote,
Cum Isaac immolatur,	in des Osterlammes Tode
Agnus Pascha deputatur,	und in Isaak vorerklärt.
Datur manna patribus.	

Bone pastor, panis vere,	Guter Hirt, Du wahre Speise,
Jesu, nostri miserere:	Jesus, stärk uns auf der Reise
Tu nos pasce, nos tuere,	bis in Deines Vaters Reich!
Tu nos bona fac videre	
In terra viventium.	

Tu, qui cuncta scis et vales,
Qui nos pascis hic mortales:
Tuos ibi commensales,
Coheredes et sodales
Fac sanctorum civium.
Amen.

Nähr uns hier im Jammertale,
führ uns dort zum Hochzeitsmahle,
mach uns Deinen Heil'gen gleich!
Amen.

Psalm 147: Lauda Jerusalem

Lauda, Jerusalem, Dominum: * lauda Deum tuum, Sion. Hosanna, Hosanna, Hosanna filio David.

Preise, Jerusalem, den Herrn, * lobsinge Sion, deinem Gott.

Quoniam confortavit seras portarum tuarum: * benedixit filiis tuis in te.

Denn Er hat deiner Tore Riegel fest gemacht, * deine Kinder in dir gesegnet.

Qui emittit eloquium suum terrae: – velociter currit sermo eius.

Er hat zu deinen Grenzen den Frieden gesetzt, * gar eilig läuft Sein Befehl.

Qui dat nivem sicut lanam: * nebulam sicut cinerem spargit.

Er spendet Schnee wie Wolle, * Er streut den Reif wie Asche aus.

Mittit crystallum suam sicut buccellas: * ante faciem frigoris ejus quis sustinebit?

Er wirft Sein Eis wie Brocken hin, * vor Seiner Kälte erstarren die Wasser.

Emittet verbum suum et liquefaciet ea: * flabit spiritus ejus, et fluent aquae.

Dann schickt Er Sein Wort und läßt sie schmelzen; * läßt wehen Seinen Wind, und es rieseln die Wasser.

Qui annuntiat verbum suum Jacob: * justitias, et judicia sua Israel.	Er ist's, der Jakob Sein Wort verkündete, * Israel Seine Gesetze und Rechte.
Non fecit taliter omni nationi: * et judicia sua non manifestavit eis.	Er hat sonst keinem Volke so getan * noch sie gelehrt Seine Rechte.
Gloria Patri et Filio * et Spiritui Sancto.	Ehre sei dem Vater und dem Sohne * und dem Heiligen Geiste.
Sicut erat in principio et nunc et semper * et in saecula saeculorum. Amen.	Wie im Anfang, so auch jetzt und allezeit * und in Ewigkeit. Amen.

Nach jedem Psalm stimmt das Volk ein in den Lobgesang:

Benedictus qui venit

Benedictus, qui venit in nomine Domini. Hosanna, Hosanna, Hosanna in excelsis. *Melodie S. 165.*	Hochgelobt sei, der da kommt im Namen des Herrn! Hosanna, Hosanna, Hosanna in der Höhe!

Der Lobgesang Mariens: Magnificat

Magnificat * anima mea Dominum: Et exsultavit spiritus meus * in Deo, salutari meo.	Meine Seele preist die Größe des Herrn, und mein Geist jubelt über Gott, meinen Retter.
Quia respexit humilitatem ancillae suae: * ecce enim ex hoc beatam me dicent omnes generationes.	Denn auf die Niedrigkeit seiner Magd hat er geschaut. Siehe, von nun an preisen mich selig alle Geschlechter!

Quia fecit mihi magna, qui potens est: * et sanctum nomen ejus.	Denn der Mächtige hat Großes an mir getan, und sein Name ist heilig.
Et misericordia ejus a progenie in progenies * timentibus eum.	Er erbarmt sich von Geschlecht zu Geschlecht über alle, die ihn fürchten.
Fecit potentiam in brachio suo: * dispersit superbos mente cordis sui.	Er vollbringt mit seinem Arm machtvolle Taten; er zerstreut, die im Herzen voll Hochmut sind;
Deposuit potentes de sede * et exaltavit humiles.	er stürzt die Mächtigen vom Thron und erhöht die Niedrigen.
Esurientes implevit bonis: * et divites dimisit inanes.	Die Hungernden beschenkt er mit seinen Gaben und läßt die Reichen leer ausgehn.
Suscepit Israel puerum suum, * recordatus misericordiae suae.	Er nimmt sich seines Knechtes Israel an und denkt an sein Erbarmen,
Sicut locutus est ad patres nostros, * Abraham et semini ejus in saecula.	das er unsern Vätern verheißen hat, Abraham und seinen Nachkommen auf ewig.
Gloria Patri …	Ehre sei dem Vater und dem Sohn und dem Heiligen Geist, wie im Anfang, so auch jetzt und alle Zeit und in Ewigkeit. Amen.

Anrufungen in deutscher Sprache

I.

Herr, wir glauben an Dich.
Herr, wir beten Dich an.
Herr, Du bist Christus, der Sohn des lebendigen Gottes.
Herr, Du bist unser Heil.
Herr, Du bist das Brot des Lebens.
Herr, Du bist die Auferstehung und das Leben.

II.

Herr, lehre uns, Dich lieben.
Herr, lehre uns, die Brüder lieben.
Herr, mache uns aufmerksam auf unsere Brüder.

III.

Gelobt seist Du, Herr, Du hast uns erschaffen.
Gelobt seist Du, Herr, Du hast uns als freie Menschen erschaffen.
Gelobt seist Du, Herr, Du führst uns auf Deinen Wegen.
Gelobt seist Du, Herr, Du schenkst uns Dein Leben.

IV.

Gelobt seist Du, Herr, Du hast uns erlöst.
Gelobt seist Du, Herr, Du schenkst uns Deinen Leib.
Gelobt seist Du, Herr, Du bleibst unter uns.
Gelobt seist Du, Herr, für alle Deine Wohltaten.

V.

Jesus, Sohn Davids, erbarme Dich unser.
Herr, rette uns, wir gehen zugrunde.
Herr, ohne Dich können wir nichts tun.
Herr, erbarme Dich des Volkes.
Herr, gib der Welt den Frieden.
Herr, sende Botschafter in die Welt.

11 *Fischer*, Lourdes

VI.

Herr, den Du liebst, ist krank.
Herr, sprich nur ein Wort, und ich werde gesund.
Herr, mache, daß ich sehe.
Herr, laß mich Deine Wundertaten sehen.
Herr, mache, daß ich höre.
Herr, laß mich Dein Wort hören.

VII.

Maria, Gnadenvolle, wir grüßen Dich.
Maria, Du bist die Ehre unseres Volkes.
Maria, Du bist wahrhaft unsere Mutter.

VIII.

Maria, Mutter Christi, hab Mitleid mit uns.
Maria, wir sind Sünder: bitte für uns.
Maria, wir sind deine Kinder: bitte für uns.
Maria, zeige Dich als unsere Mutter.
Maria, behüte die Kirche deines Sohnes.

IX.

Gebenedeit seist du, Maria, du hast uns Jesus geschenkt.
Gebenedeit seist du, Maria, du lehrst uns die Freude.
Gebenedeit seist du, Maria, Mutter der Kirche.

X.

Völker der Erde, lobet alle den Herrn.
Danket dem Herrn, denn er ist gut.
Lobet den Herrn, immer und überall.
Gelobt sei der Name des Herrn.
Die ganze Erde singe dem Herrn mit Freude.

Nach der Krankensegnung bleibt der Bischof oder Priester mit dem Allerheiligsten vor dem Portal der Rosenkranzbasilika stehen. Es werden die beiden letzten Strophen vom Hymnus des hl. Thomas von Aquin gesungen:

Gesänge bei der Sakramentsprozession

Tantum ergo

Tantum ergo sacramentum	Gott ist nah in diesem Zeichen:
Veneremur cernui:	knieet hin und betet an.
Et antiquum documentum	Das Gesetz der Furcht muß weichen,
Novo cedat ritui:	da der neue Bund begann;
Praestet fides supplementum	Mahl der Liebe ohnegleichen:
Sensuum defectui.	nehmt im Glauben teil daran.
Genitori, Genitoque	Gott dem Vater und dem Sohne
Laus et jubilatio,	singe Lob, du Christenheit;
Salus, honor, virtus quoque	auch dem Geist auf gleichem Throne
Sit et benedictio.	sei der Lobgesang geweiht.
Procedenti ab utroque	Bringet Gott im Jubeltone
Compar sit laudatio.	Ehre, Ruhm und Herrlichkeit.

Amen.   Amen.

Der Offiziator singt das Segensgebet und erteilt den sakramentalen Segen.

Es werden dann noch folgende Anrufungen gebetet, die in den romanischen Ländern üblich sind:

Anrufungen

Dieu soit béni!	Gebenedeit sei Gott!
Béni soit Son Saint Nom!	Gebenedeit sei Sein heiliger Name!
Béni soit Jésus-Christ, vrai Dieu et vrai homme!	Gebenedeit sei Jesus Christus, wahrer Gott und wahrer Mensch!

Béni soit le nom de Jésus!	Gebenedeit sei der Name Jesu!
Béni soit Son Sacré-Coeur!	Gebenedeit sei Sein Heiliges Herz!
Béni soit Jésus au Très Saint Sacrement de l'autel!	Gebenedeit sei Jesus im Allerheiligsten Sakrament des Altares!
Bénie soit l'auguste Mère de Dieu, la très sainte Vierge Marie!	Gebenedeit sei die erhabene Mutter Gottes, die allerseligste Jungfrau Maria!
Bénie soit sa Sainte et Immaculée Conception!	Gebenedeit sei ihre heilige und unbefleckte Empfängnis!
Béni soit le nom de Marie, Vierge et Mère!	Gebenedeit sei der Name der Jungfrau und Mutter Maria!
Béni soit Saint Joseph, son très chaste Epoux!	Gebenedeit sei der heilige Joseph, ihr keuscher Bräutigam!
Béni soit Dieu dans Ses Anges et dans Ses Saints!	Gebenedeit sei Gott in Seinen Engeln und Heiligen!

Den Abschluß bildet:
Psalm 116: Laudate Dominum

Laudate Dominum, omnes gentes: * laudate eum, omnes populi:	Lobet den Herrn, alle ihr Heiden, * preist Ihn, all ihr Völker;
Quoniam confirmata est super nos misericordia ejus: * et veritas Domini manet in aeternum.	Denn machtvoll wirkt über uns Sein Erbarmen, * und die Treue des Herrn währt ewig.
Gloria Patri...	Ehre sei dem Vater...

Danach werden noch alle Andachtsgegenstände geweiht, welche die Pilger bei sich tragen.

ZUR SAKRAMENTSPROZESSION

Be-ne-dic-tus qui vé-nit in nó-mi-ne Dó-mi-ni, be-ne-dic-tus qui vé-nit in nó-mi-ne Dó-mi-ni. Ho-san-na, ho-san-na, ho-san-na in ex-cél-sis.

Für die Lichterprozession

DAS GROSSE LOURDES-LIED

Die Glocken ver-künden mit fröhli-chem

Laut das A-ve Ma-ri-a so lieb und so traut:

A-ve, a-ve, a-ve, Ma-ri-a! A-

ve, a-ve, a-ve Ma-ri-a!

I.

Das von Abbé Gaignet (1873—1874) verfaßte Gedicht liegt in drei verschiedenen deutschen Übersetzungen vor. Hier der bei der Internationalen Pax-Christi-Wallfahrt 1948 gebrauchte Text (mit Korrektur der Interpunktionszeichen).

2. Der Engel geleitet mit sorgender Hand
das Kind Bernadette an des Flusses Rand.

3. Im Brausen des Windes das Mägdlein vernimmt,
daß ihm eine Gnade des Himmels bestimmt.

4. Auf Massabiell' schaut's ein strahlendes Licht,
wie solches entstanden, begreift es wohl nicht.

5. Mit freundlichem Antlitz, gar lieblich und mild,
erscheint dort ein himmlisches Jungfrauenbild.

6. Der Blick ist erfüllet mit göttlichem Licht;
das wonnige Lächeln sagt: „Fürchte dich nicht!"

7. Weiß ist das Gewand wie die Lilie der Au;
der Gürtel ist lang und wie Himmel so blau.

8. Und sieh, zu den Füßen, da pranget in Gold
die himmlische Rose, so duftend und hold.

9. Der Rosenkranz schlinget sich fromm **um die Hand,**
es wallet der Schleier herab aufs Gewand.

10. Mit klopfendem Herzen beginnt nun geschwind
das Ave zu beten das glückliche Kind.

II.

1. Es schwand die Erscheinung; das Mägdlein ruft aus:
„Auf Wiedersehn morgen!" und eilet nach Haus.

2. Sein Herz aber bleibt in der Grotte zurück
und sehnt sich nach dem dort empfundenen Glück.

3. „Ach, laß mich zur Mutter, die dorten erscheint,
du, irdische Mutter! Mein Herze sonst weint;

4. Sie ist ja so schön, laß zur Grotte mich gehn,
ich muß jene Dame recht bald wieder sehn!"

5. Und gleich einer Taube, so nimmt sie den Flug
und folget der Gnade allmächtigem Zug.

6. „O sprich, holde Dame, was willst Du von mir?
Was immer Dein Wunsch, ich erfülle ihn Dir!"

7. „Mit deinen Gespielen komm fünfzehnmal her,
das ist jetzt mein Wunsch und mein einzig Begehr.

8. Gehorsamstes Kind! Ich verspreche dafür,
dich glücklich zu machen im Himmel, nicht hier."

9. „Du freilich bist gut; wird die Welt mir verzeihn,
daß ich Dich gesehn; wird sie nachsichtig sein?

10. O nein, sie wird spotten; sie glaubet mir nicht;
ich hab' nur die Wahrheit, die, ach, für mich spricht."

III.

1. An Bernadett's Seite da kniet im Gebet
vor Tag schon die Menge und weinet und fleht.

2. Das Hirtenkind gleicht einem Engel, der gern
erfüllt den Befehl und den Willen des Herrn.

3. Nun wird sie verzückt, wird bald rot und bald bleich,
die Züge sind unschuldig, kindlich und weich.

4. Auf schaut sie zur Dame, ihr strahlender Blick
erzählt von unendlich erhabenem Glück.

5. Und während sie betet, erstrahlet auch schon
ihr Antlitz im Glanze der Himmelsvision.

6. Das gläubige Volk, es kniet staunend umher
und kennt fast das betende Mägdlein nicht mehr.

7. „Was ist Dir, o Dame?" so fragt jetzt das Kind,
„warum bist Du traurig, so sag es geschwind!

8. Was soll ich denn tun, um Dein Herz zu erfreun?"
„Du sollst für die Sünder Gebete mir weihn.

9. Auch will ich, daß gläubig, vertrauend und fromm
man hierher zur Grotte im Pilgerzug komm.

10. Es soll die Kapelle aus Marmor erstehn
hier an diesem Ort, der mein Antlitz gesehn."

IV.

1. O tiefes Geheimnis der Liebe, so rein!
Vermag eine Mutter denn treulos zu sein?

2. Das Kind kommt schon zweimal; es hält liebend Wort;
die Mutter erscheint nicht am heiligen Ort.

3. „O gütige Dame, weißt Du denn gar nicht,
daß es Deinem Kinde an Beistand gebricht?"

4. „Sei mutig und harre: die Prüfung vergeht;
und stark wird der Glaube, wenn treu er besteht."

5. Und wieder erschienen ist heut sie dem Kind,
das glücklich und selig und himmlisch gesinnt.

6. „O gütige Dame, sei freundlich zu mir
und gib mir ein Zeichen der Liebe von Dir!"

7. „Ein Unterpfand gib, daß ich Wahrheit gesagt;
denn siehe, wie man mich der Lüge anklagt.

8. Laß zu Deinen Füßen am Dornbusch erblühn
die Rose, auf daß ihre Zweifel verziehn!"

9. Da lächelt die Dame: „Dein Wunsch ist erhört,
doch geb' ich dir Beßres, als was du begehrst.

10. Die Blume verwelket, stirbt ab und vergeht;
die Liebe der Mutter für immer besteht."

V.

1. „Geh hin zu der Quelle, ihr Wasser so rein,
es soll dies ein beßres Geschenk von mir sein."

2. Das Kind eilt zum Flusse. Ein Zeichen, ein Blick,
ruft es in die Grotte zur Dame zurück.

3. Nun gräbt es die Erde mit flüchtiger Hand,
und bald schon entdeckt es befeuchtet den Sand.

4. Es fließet das Wasser, das seither befreit
viel Tausend von Menschen von Krankheit und Leid.

5. „O himmlische Dame, ich bitte Dich, sprich!
Wie ist doch Dein Name? Wie heißet man Dich?

6. Verbirg Dich nicht länger vor mir, Deiner Magd,
die demütig bittend Dich darum befragt."

7. Und zweimal steigt aufwärts des Kindes Gebet
zum Herzen der Mutter und dränget und fleht.

8. Da naht sich das Fest, wo aus Gabriels Mund
das hohe Geheimnis der Jungfrau ward kund.

9. Sie strahlet in Schönheit, in lieblicher Weis;
auch gibt sie ihr letztes Geheimnis jetzt preis.

10. „Die Sündlos Empfangne", so sprach sie, „bin ich;
die Makellos-Reine; nun kennest du mich."

VI.

1. Zum Himmel steig wieder, Maria, hinauf,
und nimm unser Herzensgebet mit hinauf.

2. Es wird ja Dein Wunsch, viele Menschen zu sehn
in Lourd(es), ganz gewiß in Erfüllung einst gehn.

3. Wir grüßen dich, Tal, wo die Jungfrau so rein
besonders geliebt und verehret will sein.

4. Die Grotte, die ehmals verlassen und wild,
sie schmückt jetzt ihr heiliges himmlisches Bild.

5. Die Quelle, sie fließet und hört nimmer auf;
zu ihr strömt die Menge in eilendem Lauf.

6. Das Heiligtum hat schon seit Jahren gesehn
viel Tausend von Pilgern erscheinen und gehn.

7. Die heiligen Hallen verkünden es laut,
was einstens das Kind Bernadette geschaut.

8. Wohl kennt man den Weg, der zum Heiligtum führt,
es wallt ihn der Pilger gar freudig gerührt.

9. Er führet ins Vaterland, zum Paradies;
wohl dem, der in Lourd(es) dort sein Herz zurückließ.

10. O leite und führe uns, himmlischer Stern,
zum Himmel, zur Heimat, zu Gott unserm Herrn!

        Ave, Ave, Ave Maria!
        Ave, Ave, Ave Maria!

MARIA IM HEILSPLAN GOTTES

1. Gott hat dich von E-wigkeit her, heil'ge

Jungfrau auser-wählt, um uns zu schenken sei-

nen Sohn. Gnaden-vol-le, wir ru-fen zu dir!

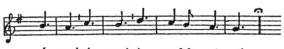

A - ve! A - - ve! A - - ve Ma - ri - a!

2. Weil du geglaubt und weil du geliebt, nimmst du, Dienerin des Herrn, Anteil an seinem göttlichen Werk. Gnadenvolle, wir loben dich all. Ave, ...

3. Mutter Gottes, gütige Frau, du schenkst allen deinen Sohn, zur Freude deines Schöpfers und Herrn. Gnadenvolle, wir rufen zu dir. Ave, ...

MARIA, MUTTER DER MENSCHEN

4. Unter deinen Schutz, deinen Schirm fliehen wir stets voll Vertraun. Schütze uns alle, hör unser Flehn. Gnadenvolle, wir loben dich all. Ave, ...

5. Du bist stets in unserer Näh'. Bleibst bei uns in Freud und Leid, daß unsre Herzen sind voller Freud. Gnadenvolle, wir rufen zu dir! Ave, ...

6. O Maria, Vorbild für uns, für die ganze Christenheit. Ganz schön bist du, ohn' Makel der Sünd'. Gnadenvolle, wir schauen zu dir. Ave, ...

7. Führe alle zu deinem Sohn, dessen Wort nur Liebe ist, der uns gelehrt, wir sollen verzeihn! Gnadenvolle, wir hören auf dich. Ave, ...

8. Lob und Ehr sei Gott in der Höh, seinem auferstand'nen Sohn, dem Heil'gen Geiste, der in uns wohnt. Jetzt und in Ewigkeit. Amen. Ave, ...

MARIA UND DIE SELIGKEITEN

9. Selig ist der Arme im Geist, welcher hört auf Gottes Wort. Für alle Zeit wird er dann mit dir triumphieren bei deinem Sohn. Ave, ...

10. Selig, dessen Herz ist betrübt, unterdrückt, mißachtet sehr. Er wird erhöht und wird dann mit dir ewig sich freuen im Paradies. Ave, ...

11. Selig, dessen Herz hungert sehr, dürstet nach Gerechtigkeit. Im Himmelreich wird ihn unser Herr speisen und sättigen ewiglich. Ave, ...

12. Selig, dessen Herz ist ganz groß, liebt den Nächsten wie sich selbst. Der Herr wird ihm Verzeihung gewähr'n, wenn er ihn richtet am Jüngsten Tag. Ave, ...

13. Selig, deren Herzen sind rein, stark im Glauben, unverzagt. Mit dir vereint, am Ende der Zeit, werden sie schauen und preisen den Herrn. Ave, ...

14. Selig, die verfolgt und gejagt, deren Werk der Friede ist. Sie werden Kinder Gottes genannt. Himmlische Freuden sie teilen mit dir. Ave, ...

15. Freunde Gottes, seid stets bereit! Jauchzet auf und freuet euch! An deiner Seite, in seinem Reich sind sie vollendet in Ewigkeit. Ave, ...

16. Lob und Ehr sei Gott in der Höh', seinem auferstand'nen Sohn, dem Heil'gen Geiste, der in uns wohnt. Jetzt und in Ewigkeit. Amen. Ave, ...

Text: *J. P. Lecot*   Musik: *Abbé Paul Décha*
Übertragung ins Deutsche: *† Karl Schmidt*

GEBETE

Gebet Papst Pius' XII. für die Lourdespilger

O Unbefleckte Jungfrau, wir folgen deiner milden Stimme und eilen hin zu deinen Füßen, zu der Grotte von Lourdes. Hier bist du erschienen, um den Verirrten den Weg des Gebetes und der Buße zu zeigen und den Vielgeprüften die Gnaden und Hulderweise deiner königlichen Güte auszuteilen.

O barmherzige Königin, nimm an den Lobgesang und das Flehen der Völker und Nationen! Bedrängt von Angst und bitterer Not, nehmen sie zu dir ihre Zuflucht, voll Vertrauen.

O hellstrahlende Erscheinung vom Himmel, vertreibe die Geister der Finsternis und des Irrtums durch das Licht des Glaubens!
O geheimnisvoller Rosengarten, mit deinem himmlischen Duft erquicke die Seelen der Bedrängten und heiße sie hoffen! O unversiegbarer Born heilbringenden Wassers, belebe von neuem die verdorrten Herzen durch den reichen Strom der göttlichen Liebe!
Sei uns allen, die wir deine Kinder sind, in der Mühsal unsere Kraft, in der Gefahr unser Schutz, im Kampf unser Halt. Gib, daß wir Jesus, deinen vielgeliebten Sohn, innig lieben, Ihm dienen und einst im Himmel in der Nähe deines Thrones die ewigen Freuden erlangen. Amen.

Lauretanische Litanei

Herr, erbarme dich.
Christus, erbarme dich.
Herr, erbarme dich.
Christus, höre uns.
Christus, erhöre uns.
Gott Vater im Himmel, erbarme dich unser.
Gott Sohn, Erlöser der Welt
Gott Heiliger Geist
Heiliger dreifaltiger Gott
Heilige Maria, bitte für uns.
Heilige Mutter Gottes
Heilige Jungfrau
Mutter Christi
Mutter der göttlichen Gnade
Mutter, du Reine
Mutter, du Keusche
Mutter ohne Makel
Mutter, du viel Geliebte
Mutter, so wunderbar
Mutter des guten Rates
Mutter der schönen Liebe
Mutter des Schöpfers
Mutter des Erlösers
Du kluge Jungfrau
Jungfrau, von den Völkern gepriesen
Jungfrau, mächtig zu helfen
Jungfrau voller Güte
Jungfrau, du Magd des Herrn
Du Spiegel der Gerechtigkeit, bitte für uns.
Du Sitz der Weisheit
Du Ursache unserer Freude
Du Kelch des Geistes
Du kostbarer Kelch
Du Kelch der Hingabe

Du geheimnisvolle Rose
Du starker Turm Davids
Du elfenbeinerner Turm
Du goldenes Haus
Du Bundeslade Gottes
Du Pforte des Himmels
Du Morgenstern
Du Heil der Kranken
Du Zuflucht der Sünder
Du Trost der Betrübten
Du Hilfe der Christen
Du Königin der Engel, bitte für uns.
Du Königin der Patriarchen
Du Königin der Propheten
Du Königin der Apostel
Du Königin der Märtyrer
Du Königin der Bekenner
Du Königin der Jungfrauen
Du Königin aller Heiligen
Du Königin, ohne Erbschuld empfangen
Du Königin, aufgenommen in den Himmel
Du Königin vom heiligen Rosenkranz
Du Königin des Friedens

Lamm Gottes, du nimmst hinweg die Sünde der Welt; Herr, verschone uns.

Lamm Gottes, du nimmst hinweg die Sünde der Welt; Herr, erhöre uns.

Lamm Gottes, du nimmst hinweg die Sünde der Welt; Herr, erbarme dich.

Lasset uns beten. – Gütiger Gott, du hast allen Menschen Maria zur Mutter gegeben; höre auf ihre Fürsprache; nimm von uns die Traurigkeit dieser Zeit, dereinst aber gib uns die ewige Freude. Durch Christus, unsern Herrn. Amen.

Mutter Gottes, wir rufen zu dir

V. *Mutter Gottes, wir rufen zu dir!*

A. *Mutter Gottes, wir rufen zu dir!*

V. Dir jubeln die himmlischen Heere.

A. Maria, wir rufen zu dir!

V. Dir singen der Heiligen Chöre.
Dich preiset die Kirche auf Erden.
Dir neigt sich in Ehrfurcht die Schöpfung.

V. *Mutter Gottes, wir rufen zu dir!*

A. *Mutter Gottes, wir rufen zu dir!*

V. Du bist die Gebärerin Gottes,
Die Mutter des ewigen Wortes,
Die Mutter des Weltenerlösers,
Des Heilands getreue Gefährtin.

V. *Mutter Gottes, wir rufen zu dir!*

A. *Mutter Gottes, wir rufen zu dir!*
Du bist auch die Mutter der Kirche,
Die liebende Mutter der Christen,
Die Führerin all deiner Kinder,
Die Ursache unserer Freude.

V. *Mutter Gottes, wir rufen zu dir!*

A. *Mutter Gottes, wir rufen zu dir!*
Auch bist du die Zuflucht der Sünder,
Die Trösterin aller Betrübten,
Das Heil der Bedrängten und Kranken,
Die Hilfe des christlichen Volkes.

V. *Mutter Gottes, wir rufen zu dir!*

A. *Mutter Gottes, wir rufen zu dir!*
Du bist unser Beistand im Kampfe,
Das leuchtende Vorbild im Leben
Und einstens die Pforte des Himmels
Und unsere ewige Wonne.

V. *Mutter Gottes, wir rufen zu dir!*

A. *Mutter Gottes, wir rufen zu dir!*

KREUZWEG IM ALLTAG

Versöhnung mit Gott — Friede bei den Menschen

I. Jesus wird verurteilt

Alle sind gegen ihn. Drohend ballen sie ihre Fäuste. Sie wollen ihn nicht mehr sehen. Er soll den Mund halten, – möglichst für immer. Sein Gesicht bleibt ruhig und gelassen.

Viele sind gegen uns. Sie wollen uns mundtot machen. Mutlos möchten wir nachgeben – oder einen falschen Frieden schließen.

Herr, laß uns standhaft bleiben!

II. Jesus nimmt willig das Kreuz

Hoch ragt das Kreuz auf, unmenschlich hoch, fast zu groß für ihn! Doch er drückt sich nicht. Seine Hände recken sich dem Kreuz entgegen. Er will sein Kreuz tragen.

Auch in unserem Leben kann es schwer werden. Es kommen viele Aufgaben auf uns zu. Wir möchten allem Unbequemen ausweichen. Täglich neu müssen wir ja sagen zu Gott, zu unseren Mitmenschen und zu uns selbst.

Ja, Vater! – Dein Wille geschehe!

III. Jesus fällt unter dem Kreuz

Sein Kreuz hat ihn zu Boden geworfen. Alles wird ihm zuviel. Aus . . . ? Zu Ende . . . ? Doch er blickt aufwärts. Energisch krampft sich die Hand zusammen. Er wird weitermachen – bis zur Vollendung.

Auch wir werden zu Boden gedrückt. War alles nutzlos? . . . umsonst? Sollen wir enttäuscht aufgeben?

Herr, gib uns Mut zum Durchhalten!

IV. Jesus begegnet seiner Mutter

Die Blicke begegnen sich schweigend. Das Leid ist unsagbar, unaussprechlich. In Liebe sind sie einander zugetan. Sie verstehen sich. Maria wird ihn im Leid begleiten. Er weiß, daß sie da ist.

Wir möchten oft unser Leid laut hinausschreien, sind jedoch blind, wenn andere leiden. Wir wollen einer des anderen Last tragen.

Heilige Maria, Mutter Gottes, bitte für uns Sünder.

V. Simon hilft beim Kreuztragen

Simon hat hart gearbeitet. Er ist müde und will nach Hause. Mit Verbrechern will er nichts zu tun haben. Verständnislos schaut er von oben auf Jesus herab. Er hilft nicht freiwillig, sondern gezwungen.

Laut melden wir unseren Anspruch auf Freizeit an: Laßt mich in Ruhe! ... Keine Zeit! Die anderen sollen sehen, wie sie fertig werden! Wir dagegen sind bedrückt, wenn unsere Not übersehen wird.

Herr, laß uns den Nächsten lieben wie uns selbst!

VI. Veronika hilft Jesus

Veronika fürchtet nicht den Spott der Leute. Sie tritt aus der Masse heraus. Sie setzt sich ein. Sie hat einen Blick für die Not. Spontan hilft sie, so gut sie kann. Unvergeßlich bleibt ihr der dankbare Blick Jesu.

Oft könnten wir fremde Not lindern. Doch wir nehmen übertriebene Rücksicht auf die Leute. Wir haben Angst vor dem verächtlichen Gerede.

Was wir für den Mitmenschen tun, tun wir für dich, o Herr!

VII. Jesus fällt zum zweiten Mal

Er bricht erneut zusammen unter der Belastung. Die weit geöffneten Augen fragen: Wer hilft mir jetzt? Wer geht ein Stück meines Weges mit? Hilflos ist auch die Hand, der das Kreuz entglitten ist. Er muß seinen Kreuzweg allein vollenden.

Im Alltag treffen uns Rückschläge. Ein erneuter Zusammenbruch bleibt kaum erspart. Trotz aller Hilfen müssen wir es allein schaffen. Gott verläßt uns nicht.

Herr, du bleibst ja bei uns!

VIII. Jesus und die weinenden Frauen

Bestürzung liegt auf den Gesichtern. Sie bedauern ihn mit vielen Worten, doch es hilft niemand. Unverständlich bleibt ihnen das Kreuz. Sie ahnen nicht, daß Jesus wegen ihrer Sünden leidet.

Wir klagen schnell über ein unfaßbares Schicksal. Allzu oft sehen wir vordergründig nur das Kreuz. Tiefer verstanden ist alles Leid eine Folge menschlicher Überheblichkeit.

Herr, du kennst unser Leben. Dir vertrauen wir.

IX. Jesus fällt zum dritten Mal

Das schwere Kreuz drückt Jesus erneut zu Boden. Er kann nicht mehr. Kraftlos, erschöpft, geschlagen liegt er unter dem Kreuzesbalken. Lange kann es so nicht mehr gehen. Seine Hand versucht vergeblich, das Kreuz und den Fall zu mildern.

Der Kreuzweg unseres Lebens kann lange dauern, oft allzu lange. Er fordert Treue und Geduld. Wenn die letzte Hoffnung zerrinnt, möchten wir aufgeben.

Herr, erbarme dich unser!

X. Jesus wird seiner Kleider beraubt

Menschen können grausam handeln. Sie nehmen noch das letzte, was er hat. Arm und mittellos steht er verlacht unter den anderen. Er blickt vertrauensvoll zum Vater im Himmel. Er erwartet alles von ihm.

Manch einer muß sich trennen von dem, was ihm zusteht. Sonst bleibt sein Verlangen auf das rein Irdische beschränkt. Ohne Gott können wir nichts tun. Wir wollen unsere Kräfte in den Dienst Gottes stellen.

Herr, gib uns Kraft, alles zu tragen!

XI. Jesus wird gekreuzigt

Der Hammer schlägt zu, und es fließt Blut. Die segenspendende Hand Jesu kann nicht mehr. Sie darf nicht mehr! Sie soll nicht mehr! Man legt die Hand still! Das Böse triumphiert über das Gute.

Vielen paßt das Gute nicht, das wir tun möchten. Man will uns etwas, und man wird uns fertigmachen. Man wird jubeln, das Gute in uns besiegt zu haben.
Gekreuzigter Herr Jesus, erbarme dich unser!

XII. Jesus stirbt am Kreuz

Es ist vollbracht! Vater, in deine Hände empfehle ich meinen Geist. Das schlanke Antlitz Jesu strahlt tiefen Frieden aus. Er, der das Leben in Fülle besitzt, ist tot. Er hat sich hingegeben, um für uns alle beim Vater da zu sein. Er zeigt uns, was christliches Sterben bedeutet.

Kein Mensch kann sein Leben beenden, ohne das Sterben auf sich zu nehmen. Es soll uns nicht unvorbereitet treffen. Ein christliches Leben ist die beste Vorausplanung auf einen guten Tod.

Mein Jesus, Barmherzigkeit!

XIII. Jesus und seine Mutter

Der Blick der Mutter ruht auf seinem toten Antlitz. Liebkosend streckt sie ihre Hand aus. Von allem Schmerz ist ihr Ausdruck starr. Sie begreift nicht, warum alles so kommen mußte. Dennoch versucht sie, opfernd dieses Leid zu tragen.

Manche Mutter muß viel Leid mitansehen. Oft darf sie nicht raten oder helfen. Sie kann ihre Hoffnung nur auf Gott setzen, um schweigend und opfernd für ihre Angehörigen da zu sein.

Vater, nicht mein – sondern dein Wille geschehe!

XIV. Jesus ruht im Grabe

Eine Hand deckt das Tuch über sein Gesicht. Nun ruht er in Frieden. Gott Vater wird ihn auferwecken. Mit dem Tode ist es nicht aus. Er wird weiterleben! Durch sein Opfer hat er uns mit Gott versöhnt.

Beerdigung bedeutet Abschied und Trennung. Jedoch tröstet uns die Hoffnung auf ein Wiedersehen. Der Tod ist Übergang zu neuem Leben bei Gott.

Wir wollen Gott lieben aus allen unseren Kräften!

Der auferstandene und erhöhte Herr

Habt Mut! – Ich habe den Tod überwunden. Ich bin bei euch bis ans Ende der Welt. Schaut auf meine Wunden, und seid nicht ungläubig, sondern gläubig! Das Blut seines liebenden Herzens fließt in den Kelch. Unter den Gestalten von Brot und Wein bleibt seine Erlösung für uns zugänglich.

Es ist unchristlich, nur das Kreuz und das Leid zu sehen, ohne die unaussprechlich große Freude der Auferstehung zu bedenken.

In keines Menschen Herz ist es gedrungen, was Gott denen bereitet hat, die ihn lieben.

LITERATURANGABEN

Belleney, Joseph Sainte Bernadette bergère en chrétienté, Paris, 1937.

Bertin, Georges Histoire critique des événements de Lourdes. Übersetzung von Cron, Straßburg, 1908.

Billet, Bernard O.S.B. Guide de Lourdes, Paris, 1970.

Blazy, J. Bernadette Soubirous. Übersetzung von Buchegger, Sarnen, 1933.

Courtin, J. B. Lourdes, Le Domaine de Notre-Dame de 1858 à 1947. Rennes, 1947.

Dantin, L. L'Evêque des Apparitions, Msgr. Laurence, Paris, 1931.

Dozous, Dr. Die Grotte von Lourdes, ihre Quellen, ihre Heilungen. Übersetzung von Lamezan, Mainz, 1875.

Lafond La Salette, Lourdes, Pontmain, Paris, 1872.

Lasserre, H. Die Wunder von Lourdes, Übersetzung, Mainz, 1884.

Lasserre, H. Bernadette et Msgr. Peyramale, Grammont, 1901.

Marchand, A. The Facts of Lourdes and the Medical Bureau. Englische Übersetzung von Izard, London, 1924.

Moncoq, Dr. Réponse complète au Lourdes d. M. Zola, Caen, 1894.

Müller, G. A. Nach Lourdes. Luzern, 1909.

Olivieri Alphonse, docteur et Dom *Bernard Billet* Y a-t-il encore des miracles à Lourdes? Paris, 1972.

Ravier, André S.J. Lourdes, Land der frohen Botschaft, l'Oeuvre de la Grotte, Lourdes, 1965.

Ricard, La vraie Bernadette de Lourdes, Lettres à M. Zola, Paris, 1894.

Rudniki, H. Die berühmtesten Wallfahrtsorte der Erde, Paderborn, 1891.

Schott, A. Die Wunder von Lourdes (Lasserre, der Verfasser des Originalwerkes „Unsere Liebe Frau von Lourdes"), Stuttgart, 1890.

Eine gute, reich illustrierte Broschüre „Lourdes" in deutscher Sprache liegt an verschiedenen Stellen des heiligen Bezirks gratis auf (ohne Jahresangabe).

PERSONEN-, ORTS- UND SACHVERZEICHNIS

Abadie Jeanne 20
Abri St. Michel 38
Adour 116
Agde 120
Akklamationen 161
Amboise 12
Angoulême 114
Anrufungen 161
Arbois 127
Argelès 104
Arkaden 61
Ars 125
Asil Notre Dame 39
Ausflüge 103
Auskunft 95
Ave-Maria-Lied 85, 166
Avignon 122

Badehallen 46
Badeordnung 47
Bagnères-de-Bigorre 105
Bagnols 122
Bahnhof v. Lourdes 38, 96
Bailie G. Heilung 65
Barèges 63
Bartrès 19
Basilika 48
Bayonne 114
Beaucaire 121
Béarn, Grafschaft 116
Beichthören 96
Belfort 128
Benedictus 159
Benehmen 96
Bénézet hl., Brücke 122
Béout 103
Besançon 128
Betharram 104
Béziers 120
Biarritz 104
Bigorrischer Dialekt 21, 29, 44
Bischöfliche Residenz 89
Blois 112

Bordeaux 115
Boisserie, Dr. med. 64
Bordelais 115
Bouhohorts J. 53
Bouriette L., Steinmetz 27
Bourg Saint-Andéol 123
Breton. Kreuzigungsgruppe 39
Brie 109
Briefkästen 96
Bureau de l'Oeuvre 90
Burg 101

Cachot 19, 20, 93
Canal du Midi 118
Capulet 20, 38
Carcassonne 118
Castérot, Familie 24, 91
Cauterets 105
Cerezey, Kaskaden 105
Cevennen 120
Châlons 109
Chambord 112
Champagne 109
Charente 114
Chartres 111
Châtelleraut 113
Chaumont 112
Chor d. Basilika 50
Chouanes 114
Cognac 114
Cohen P. H. 5

Dauphiné 123
Dax 116
Domrémy 108
Dozou, Dr. med. 25, 63
Drei Geheimnisse Bernadettes 25
Druckerei 40
Druckhähne f. Wasser 42
Durance 122

Orts-, Sach- und Personenverzeichnis

Einwohner v. Lourdes 11, 15
Espélugues, Grotten 88
Essenszeiten 97
Esplanade 30, 85
Estrade 22, 26
Exhumierung 33
Ex Votos 45, 83

Fabish, Prof. 44
Fahnen 50, 54
Fassade der Rosaire 70
Flughafen 38
Franche-Comté 127
Franzosen, Charakter 10
Frauenklöster 61, 99
Fundbüro 63
Funde, vorgeschichtliche 12, 88

Garonne 117
Gascogne 116
Gavarnie 105
Gave du Pau 21, 38, 48, 83
Gebete 145
Geburtshaus Bernadettes 93
Gèdre 105
Gekrönte Jungfrau 39
Geschichte Frankreichs 8
Glocken 60
Glockenstuhl 48
Grande Chartreuse 123
Grotte 21, 41, 43

Hardy, Architekt 61
Heilungen 27, 58, 84, 92
Hinweise 95
Hospital U. L. Fr. 92
Hospitalité, Büro 68
Hotels 12, 97

Inneres d. Basilika 49
Inneres d. Krypta 48
Inneres d. Rosaire 71
Intentionsbüro 69

J. B. M. Vianney 125
Jura 127

Kalvarienberg 86
Kanzel d. Grotte 42
Kanzel d. Kirche 58
Kapellen 39, 49, 69, 72, 88
Kerzenopfer 45, 98
Kerzenwunder 29
Kino 98
Kleidung 98
Klima 98
Klöster 61, 99
Kolmar 128
Kontrollbüro 63, 66
Krankheitsfall 99
Kreuz Frankreichs 89
Kreuz, keltisches 89
Kreuzweg 87, 177
Krypta 47

Lage von Lourdes 11
Laguès M. 19, 94, 103
Landes 116
Languedoc 117
Lapacabach 18, 94
Lauda Jerusalem 158
Lauda Sion 154
Lauret. Litanei 174
Laurence, Bischof 47, 53, 59, 63, 86
Libourne 115
Lichterprozession 85
Lieder 145
Lisieux 110
Liturgie d. Messe 130
Loiretal 111
Lons-le-Saunier 127
Lothringen 107
Lourdesandenken 95
Lourdesstatue 44
Lourdeswasser 42
Lunéville 108
Luz 105
Lyon 124

Madamo, Madamizelo 23
Marie-Antoine, Kapuziner 89, 91
Marie-Bernard, Trappist 40
Marienkinder 15, 84
Marienmesse 142
Marne 109
Massabielle 21, 38, 43, 86
Messe: Einheit d. Christen 143
Missionare v. Lourdes 89
Montpellier 120
Mühle Boly 18, 93
Mühle Gras 94
Mühle Lacadé 93
Mühle Savy 38, 40
Mühlhausen 128
Museen 16, 91, 92, 99

Nancy 108
Napoleon III. 30
Narbonne 119
Nationalpark 106
Navarra 116
Nevers 32, 129
Nîmes 120
Nina Kin, Heilung 84

Orange 122
Orgeln 59
Orléans 112
Orthez 116
Ozon, Pater 87

Pange lingua 153
Paris 110
Pariser Becken 109
Pau 38, 104, 116
Pax Christi 98
Peyramale, Pfarrer 29, 34
Pfarrkirchen 11, 16, 32, 102
Pic du Jer 103
Pic du Midi 103, 105
Piédebat, Berg 86
Pilgerunterkunft 40, 102
Piscines 44, 46

Pius IX. 43, 48, 58
Pius X., Kirche 41, 48
Pius XI. 43, 45
Pius XII. 89
Poenitentiarie 90
Poitiers 113
Poitou 114
Polizei 100
Pont St. Michel 38
Pont Vieux 14
Provence 121
Prozessionen 28, 84
Pyrenäen 117
Pyrenäenmuseum 101

Quelle 26, 42, 46

Raffl, Glockengießer 87
Rampen 40, 42, 47, 62, 69
Reise 7
Reservoir 42, 83
Rhône 122
Ronchamp 128
Rosaire 61
Rosenstrauch 21, 45
Rosetten 48

Saal U. L. Frau 92
Saint-Gaudens 117
Saint-Maclous, Dr. med. 64, 90
Sakramentsprozession 84, 153, 165
Sakristei 45
Salus Infirmorum, Denkmal 41
St. Peter, Unterkunft 102
Saône 124
Sarazenengrotte 102
Savykanal 38, 40, 83, 86
Schiff d. Basilika 50
Schlösser a. d. Loire 112
Schwesternhäuser 31, 61, 99
See v. Lourdes 103
Sehenswürdigkeiten 38, 101
Sempé, Pater 86, 89
Sète 120

Soubirous, Familie 18, 25, 33, 91, 93
Spanische Brücke 105
Spaziergänge 103
Statuen Bernadettes 100
Straßburg 107, 129

Tarascon 121
Terrasse 62
Toiletten 40
Tor d. hl. Josef 41
Toulouse 117
Tours 113
Trinkgeld 97

Uhr d. Basilika 60
Unterkunft (Hotels) 40, 102

Valence 123
Vauzous, Schwester 32
Vergez, Dr. med. 63
Verkehrsbüro 95, 100
Vianney J. M., hl. Pfarrer 125
Vienne 124
Villet-le-Duc, Archäologe 48
Vinzenz v. Paul hl. 48, 116
Vorplatz d. Basilika 60
Vorplatz d. Grotte 46
Votivgeschenke 45, 49, 59, 83

Widor, Organist 59
Wiese, La Ribère 38
Wissenswertes zur Reise 7

Zelebration 44, 82, 100
Zola 72

Inhaltsverzeichnis

Vorwort 5

Wissenswertes zur Reise 7

Allgemeines über Lourdes 11
Lage – Der Name Lourdes
Lourdes zur Zeit der Erscheinungen

Die Seherin von Lourdes 18
Eltern und Jugendzeit – Der 11. Februar 1858 –
Die weiteren Erscheinungen – Die Geheimnisse –
„Ich bin die Unbefleckte Empfängnis" – Der
Pfarrer Peyramale

Die heiligen Stätten von Lourdes 38
Vom Bahnhof zur Esplanade – Die Kirche St.
Pius' X. – Die Grotte Massabielle – Der kirchliche Kult an der Grotte – Krypta und Basilika –
Die Rosenkranzkirche

Im Außenbezirk der heiligen Stätten 86
Der Kalvarienberg – Der Kreuzweg – Bischöfliche Residenz – Poenitentiarie – Museum – Der
Cachot

In Lourdes und rund um Lourdes 95
Hinweise – Auskunft – Unterkunft –
Sehenswürdigkeiten in der Stadt: Château Fort,
Friedhof – Spaziergänge außerhalb der Stadt,
Tagesausflüge

Rundfahrt durch Frankreich 107
Straßburg – Paris – Chartres – Orléans – Bordeaux
– Bordelais – Toulouse – Carcassone – Narbonne –

Agde – Nîmes – Avignon – Bagnols – Valence
– Lyon – Ars

Liturgie der Messe 130
   Messe von der Erscheinung – II. Marienmesse –
   Für die Einheit der Christen

Lieder und Gebete 145

Zur Sakramentsprozession 153

Anrufungen in deutscher Sprache 161

Das große Lourdes-Lied 166

Kreuzweg im Alltag 177

Literaturangaben 183

Personen-, Orts- und Sachverzeichnis 185

Aus dem Steyler Verlag, 4054 Nettetal 2
ISBN: 3-87787- und Best.-Nr.

Pius Fischer OSB

St. Benedikt in Bayern – 14 Abteien vom 7. Jahrhundert bis heute

190 Seiten, mit Übersichtskarte und 34 Abb., DM 12,80, Best.-Nr. 142-9

Pius Fischer OSB

Benediktinische Apostel

83 Seiten, kart., DM 8,–, Best.-Nr. 156-9

Das Buch beschreibt das Leben und Wirken der großen benediktinischen Missionare im 7.–12. Jahrh.

Andersson, A.

Die heilige Birgitta in ihren Offenbarungen und Botschaften

168 Seiten, brosch., DM 9,80, Best.-Nr. 147-X

Das Leben der heiligen Birgitta wird aus ihrem Erleben und Erleiden verdeutlicht.

Hermann Multhaupt

Der Kundschafter am Lough Gill

– Irische Glaubenszeugen –

Neuerscheinung, 64 Seiten, illustriert, brosch., DM 12,80, Best.-Nr. 174-7

Mit einer einleitenden längeren Erzählung über den heiligen Oliver Plunkett soll ein Glaubens- und Blutzeuge der jüngeren irischen Kirchengeschichte gewürdigt werden, der z. Zt. der englischen Besetzung im 17. Jh. sich unermüdlich für die Erhaltung des katholischen Glaubens einsetzte.

Aus der Namenliste jener irischen Mönche, die in Westeuropa missionierten oder von der „Grünen Insel" und von Schottland aus die Frohe Botschaft in unser Land trugen, hat der Autor drei ausgewählt, die zu den bekanntesten gehören: den hl. Patrick, den hl. Columban und den hl. Kilian.

Wegener/Herbertz SVD
Fatima – Geschichte und Botschaft
208 Seiten, brosch., überarbeitete Neuauflage, DM 7,20, Best.-Nr. 146-1

Der Blick auf Portugal kann an Fatima nicht vorbeigehen. In der Spannung unserer Tage, vielleicht genauso geladen wie im Erscheinungsjahr 1917, sollte die Stimme von Fatima nicht überhört werden: Gebet – Buße – Bekehrung! Die sachliche Darstellung der Erscheinungen, jeweils am 13. des Monats von Mai bis Oktober 1917, die Auswirkungen auf Portugal und nachfolgend auf die ganze Welt zwingen zum Nachdenken. Können wir die Welt noch verändern? Fatima gibt die Antwort.

Heinrich Herbertz SVD
Fatima – Das Buch für Pilger
1978, 112 Seiten, 9 Fotos, Stadtplan von Fatima, brosch., DM 4,20. Best.-Nr. 107-0

„Der erste Fatimapilgerführer mit Erläuterungen zu den Geschehnissen in Fatima, Erklärungen des Landes Portugal und des Ortes Fatima und einem entsprechenden Gebets- und Gesangsteil für die Pilgerfahrt und die Pilgerfeierlichkeiten in Fatima."

A. J. Fuhs
Fatima und der Friede
Neuauflage 1983, 272 Seiten, Linson-Umschlag, illustriert. Steyler Verlag/WETO-Verlag. DM 14,–, Best.-Nr. 163-1

Wer die so mütterlich mahnende und warnende Botschaft der Friedenskönigin von Fatima kennt, sie jahrzehntelang gehört, gelesen, gekündet und in die Tat umzusetzen versucht hat, zugleich aber auch die Zeitläufe wachsam verfolgte, wird feststellen müssen, daß sich die Worte der hl. Jungfrau Maria weithin erfüllt haben.

Darum ist das bedeutende Buch von Pfarrer Fuhs heute so aktuell wie vor Jahren. Es geht ja um den Frieden der Herzen und der Seelen, die jede Sünde meiden sollen, um den Frieden der Völker ohne tödliche Waffen und Kriege herbeizuführen.